CHRISTOPHE BARBIER

# MOI, JEAN-LUC M.

BERNARD GRASSET
STUDIOFACT ÉDITIONS

Bande d'après photo : © Albert Facelly/Divergence.

ISBN 978-2-246-83788-6

Tous droits de traduction, de reproduction et d'adaptation
réservés pour tous pays.

*© Éditions Grasset & Fasquelle & StudioFact Éditions, 2024.*

*À ma mère, passionnée de politique*

« Ils veulent être libres et ils ne savent pas être justes. »

Abbé Emmanuel-Joseph Sieyès,<br>10 août 1789

C'est un étrange ouvrage que celui-ci. Une sorte de livre siamois, de Janus politique. Côté pile, la vie de Jean-Luc Mélenchon racontée par Jean-Luc Mélenchon, le plaidoyer pro domo du champion de la gauche radicale, l'homme aux trois présidentielles, bien décidé à en disputer encore une, décisive. Côté face, un réquisitoire contre le plus outrancier des personnages politiques français, l'autocrate qui a pris la gauche en otage, l'ennemi de l'État et de la République.

Le premier texte est destiné à la scène : nous sommes en septembre 2026, un dimanche en fin de journée ; Jean-Luc Mélenchon, cloîtré dans sa maison de campagne, a promis d'annoncer à 20 heures s'il est ou non candidat à la prochaine présidentielle. Alors, il parle, il raconte, il se raconte, en un monologue qui prend le public à témoin... C'est «Moi, Jean-Luc M.», le destin d'un homme nommé Mélenchon. Sa vie, son œuvre, ses combats... Ses regrets ? Si peu... Ses espoirs ? Si grands...

Cette pièce est née le 21 septembre 2022. Ce jour-là, je déjeune avec Jean-Luc Mélenchon, et c'est un honneur : à cette date, chaque année, le Lider maximo de La France insoumise célèbre la République, née selon lui le 21 septembre 1792, au lendemain de la splendide victoire française à Valmy, et non le 4 septembre 1870, à la chute du Second Empire. Le symbole est puissant : pour Mélenchon, la III$^e$ République s'est déshonorée en réprimant la Commune de Paris, tandis que la I$^{re}$ est restée vertueuse, portant la radicalité jusqu'à la Terreur. Le restaurant, proche du quartier général de LFI, est à l'écart de la foule bruyante, au fond d'une impasse surannée, dans un arrondissement populaire. L'établissement est de vieille facture française, et sa cuisine de même acabit. Le décor plairait à Éric Zemmour et l'assiette à Fabien Roussel. La salle est à moitié vide, mais Jean-Luc Mélenchon préfère quand même s'installer dans une autre pièce, en retrait, au calme. Il refuse poliment le selfie que lui demande un touriste et s'empare de la carte. Terrine de campagne, quasi de veau... « Comment est votre blanquette ? »

La France insoumise est en pleine tempête, déchirée par un drame domestique : Adrien Quatennens a giflé sa femme. Le jeune député du Nord, rouquin et talentueux, est le dauphin du patron, le seul qui ait ses faveurs affectives et sa bénédiction politique. Mélenchon relativise la polémique, considère qu'il n'y a qu'une seule défense efficace, faire le gros dos ; et une seule issue possible : « Ça passera. » Six mois plus tard, le mari trop impulsif retrouve son siège à l'Assemblée, puis réintègre le groupe LFI. En effet, ça passe...

Jean-Luc Mélenchon me parle de l'épée de Simón Bolívar, le grand révolutionnaire sud-américain du XIX$^e$ siècle, volée par l'extrême gauche colombienne en janvier 1974, puis restituée à l'État à la fin de la guérilla, en 1990. Le 7 août précédent, Jean-Luc Mélenchon a assisté à l'investiture du nouveau président de Colombie, Gustavo Petro, ancien guérillero : l'épée a été exhibée devant le peuple ! Puis Mélenchon me raconte sa visite à Lula, quelques années plus tôt : le Brésilien était alors en prison, le voici en passe d'être à nouveau élu président... Il me décrit ensuite la maison où Trotski fut assassiné en 1940, au Mexique. Enfin, nous parlons, beaucoup, de François Mitterrand – et son disciple a les larmes aux yeux...

Le temps passe, le repas s'allonge, le restaurant se vide... «Mais pourquoi vouliez-vous me voir, au fait ?» Je lui explique mon projet de pièce de théâtre, de monologue autobiographique. L'œil est flatté, la moue, méfiante. Il affiche la surprise, trouve que c'est beaucoup d'honneur, et une initiative un peu étrange au sujet d'un homme politique encore vivant, en pleine activité et dont le destin continue à s'écrire... Veut-il relire le texte une fois achevé? Il hésite, sa main balaye lentement l'air au-dessus de la nappe à carreaux parsemée de miettes. «Non. Liberté de l'artiste.» Viendra-t-il voir une représentation si la pièce se monte? La main décolle encore, plane. «Pourquoi pas? Ce serait bizarre, quand même. » Voici ce qui s'appelle un *imprimatur*, à tout le moins un *nihil obstat*.

Jean-Luc Mélenchon veut rentrer à pied, sur les trottoirs encombrés de cet ultime après-midi d'été. Devant les salons de coiffure afros, quelques passants l'abordent avec enthousiasme, il les salue sans chaleur mais sans condescendance, ne serre pas les mains, écourte les échanges d'un bref sourire et d'un regard qui fuit. « Vous voyez ce que je suis pour eux ? » Le feu est vert, il traverse dans la foule, emmitouflé dans ce peuple qu'il veut mener sans le toucher.

Puis il y eut l'année 2023. Chaque mois, Mélenchon l'extrémiste s'extrémise, Mélenchon l'excessif déborde de lui-même, le dérapage devient sa méthode. En février, il rejette la demande des syndicats, qui veulent que l'Assemblée aille au vote sur la réforme des retraites, et organise le blocage du débat parlementaire. À la fin du mois de juin, alors que les villes s'embrasent après la mort de Nahel, il refuse d'appeler au calme et défend les émeutiers. En juillet, il qualifie d'« extrême droite » le Conseil représentatif des institutions juives de France et en septembre, son égérie Sophia Chikirou compare Fabien Roussel au collabo Jacques Doriot. Enfin, à partir du 7 octobre, Jean-Luc Mélenchon franchit les bornes de l'inacceptable. Il refuse de considérer le Hamas comme un mouvement «terroriste» et affirme que la riposte d'Israël à Gaza «n'est pas de la légitime défense, mais un génocide».

«Il est fou», balayent d'un sourire méprisant les commentateurs. Mais Mélenchon n'est pas fou. Cette surenchère dans l'odieux est une stratégie, électorale, politique et idéologique. C'est pourquoi j'ai écrit la deuxième partie, pamphlet contre un homme politique devenu dangereux pour la société, la République et l'État. C'est «Lui, Jean-Luc M.», afin que personne ne sous-estime le péril que Mélenchon fait courir à la France.

Du premier Mélenchon, il ne faut rien oublier, car sa vie est un roman, épique et époustouflant. Au second Mélenchon, il ne faut rien pardonner, car il est devenu l'ennemi de la nation et de son unité.

*Un dimanche à Lombreuil*

*ou*

*Moi, Jean-Luc M.*

C'est le Vieux qui m'a dit ça.

Il saisit mon bras, je peux sentir les os de ses doigts tellement il a maigri, le Vieux. Il me le dit une première fois, les yeux dans les yeux : « Il faut réunir à gauche toute la gauche. » Puis il me lâche et répète : « L'union de la gauche. À gauche. » Mais là, il ne me regarde plus, il a les yeux dans le vague, je me dis qu'il revoit le passé. On est à Latche, dans sa bergerie, au milieu de tous ses livres. C'est son refuge, un peu à l'écart de sa maison. On s'assoit sur son petit lit et on parle de la France. Je lui dis que pour moi, la France, c'est la République. Lui, il pense que l'Histoire et les paysages ont aussi leur importance. Il se redresse et il ajoute : « Il faut ressusciter la Commune, c'est le terreau du socialisme. Il faut quelques idées simples, pas trop intellectuelles, et s'y tenir. »

C'était en juillet 1995. C'est là que l'aventure a commencé pour moi. Pas la politique, je baignais dedans depuis l'adolescence. Mon aventure. Ma grande aventure. Mon destin. C'est l'avant-dernière fois que j'ai vu François Mitterrand. La dernière, c'était en décembre suivant, dans son appartement de l'avenue Le Play où il allait mourir un mois plus tard. Je lui avais fait passer un petit mot : « Monsieur le président, si vous ne m'avez pas assez vu cet été… » Il a dit à sa secrétaire : « Non, je ne l'ai pas assez vu. » On a mangé des pâtes. Il a voulu regarder par la fenêtre une manifestation qui passait au Champ-de-Mars. Chirac et Juppé ne s'en sortaient pas des grèves et des manifs, cet automne-là. Il m'a demandé : « Qui sont tous ces gens ? » « Aujourd'hui, ce sont les profs de gym. » « Tiens ! Eux aussi ? Pauvre Chirac… » Et il avait un petit sourire amusé. Il a voulu sortir se promener, mais ses gardes du corps ont refusé, car ils le trouvaient trop fatigué. J'étais choqué : lui, le dernier grand président de la République, il n'était plus libre de ses mouvements.

*Le téléphone sonne. Mélenchon regarde le combiné sans bouger.*

Foutez-moi la paix! Quand je veux, je décide! Quand je veux! Foutez-moi la paix.

*La sonnerie s'arrête.*

Ça les emmerde, que je sois là. Le portable passe pas, ici. Un paradis. Montargis est à dix bornes, Lombreuil juste à côté, mais il n'y a rien à voir, alors on n'est pas emmerdé par les touristes. Même les journalistes avec leur GPS, ils se paument. Je leur dis que j'ai une maison dans le Gâtinais, ils ne savent même pas où c'est, le Gâtinais. Des incultes. Il y a trente ans, les journaux étaient dirigés par des intellectuels, aujourd'hui ils sont tenus par des crétins. Des crétins bitumés jusqu'à l'os préfrontal. Et quand on en trouve un qui a deux sous de culture générale, il est d'extrême droite. Un jour, j'ai traité un éditorialiste de «fasciste parfumé»; il m'a répondu: «Pourquoi parfumé?» L'insolent…

Ici, je suis dans un creux, derrière un talus et une rivière. J'ai acheté un petit tracteur pour tondre l'herbe, je m'assois dessus et je tourne pendant des heures. Je pense. Je rumine. Personne ne me voit depuis la route. Pour le portable, c'est mort. Zone blanche. J'adore. Côté population aussi, c'est zone blanche. Trois cents pelés, et pas bavards. Parfois, je reste dix jours sans dire un mot à personne. Même ma femme de ménage me fout la paix. Elle entre, Catherine, elle nettoie, elle s'en va. Elle voit que je suis en train d'écrire, ou de lire, elle me laisse tranquille. En plus, je la soupçonne d'être communiste, vaut mieux qu'on se parle pas trop. Les seuls à qui je cause, ici, ce sont les arbres, comme Mitterrand. Je leur parle politique. Ça m'aide à réfléchir. Je leur parle de moi, aussi, je leur raconte ma vie.

Tanger ! Mon passé, mon enfance, mon bonheur. Tanger, c'est l'anti-Montargis. Tanger, c'est la magie du mélange, de l'entre-deux-mondes. Une mixture de peuples, d'habits, de langues. Tanger continue en moi. Je n'aime pas quand on se ressemble tous. L'humanité, c'est la différence, c'est le pluriel. L'humanité, ça doit être bigarré. C'est pour ça qu'il faut répéter qu'il n'y a pas d'avenir pour la France sans les Arabes. J'ai grandi au milieu des Marocains, c'étaient mes amis, mon monde, ma communauté de destins. Moi, j'ai du sang espagnol et sicilien, je viens de pieds-noirs algériens : qui osera dire que je ne suis pas aussi français qu'un autre ? En 2050, la moitié de la population française sera métissée. C'est comme ça. Et c'est tant mieux. La créolisation, voilà l'avenir. L'assimilation, c'est fini. L'assimilation, c'est le dernier sursaut du colonialisme. Quand je dis que Marseille est la plus française des villes de notre République, c'est parce que c'est la ville de tous les mélanges. Je suis du parti qui se dit content d'être mélangé. À Tanger, on ne parlait pas d'identité, personne ne parlait des « racines ». Aujourd'hui, c'est une obsession dans le débat public. Mais arrêtez de nous emmerder avec l'identité ! Laissez-les sous terre, vos racines !

Le 14 avril 2012, je suis à Marseille. Ma première campagne présidentielle. Meeting géant sur la plage du Prado, la foule à perte de vue. Des minots, des chibanis, beaucoup de femmes. Je vois bien que la plupart sont comme moi, avec un pied de l'autre côté de la mer, avec des ancêtres qui sont nés là-bas, derrière les vagues. Alors je gueule qu'il faut leur ouvrir grand les bras, à nos frères du Sud. En deux jours, je perds cinq points dans les sondages. Les prolétaires blancs me lâchent, ils rejoignent leurs camarades passés chez Le Pen. Même les Français issus de l'immigration me désapprouvent : c'est le syndrome du dernier arrivé, qui veut fermer la porte derrière lui, pour que personne ne vienne lui piquer son boulot. En 2017, je suis plus malin. Je dis que l'immigration est une manœuvre du patronat pour faire venir une main-d'œuvre bon marché et tirer les salaires vers le bas. J'explique que Merkel a accueilli un million de Syriens parce qu'elle voulait faire tourner les usines allemandes pour pas cher. En 2022, je progresse encore : je défends l'islam et je fais 69 % chez les électeurs musulmans. Dans une République islamique, j'étais élu président au premier tour… Ils sont là, les nouveaux prolétaires, dans ces banlieues de l'islam que l'État a laissé tomber, où le capitalisme exploite les gens, tandis que les racistes les humilient. Pour que la colère du peuple change la France, il faudra qu'elle soit rouge comme la révolution et verte comme l'islam. Aujourd'hui, Gavroche s'appelle Ahmed. Il n'y aura pas de victoire de la gauche révolutionnaire sans les musulmans. Eux et moi, on a les mêmes ennemis : les capitalistes, les banques, l'impérialisme américain, les médias.

Alors, ils me traitent d'islamo-gauchiste, tous les racistes qui vomissent sur les plateaux de télé, tous les islamophobes qui sévissent chez Bolloré et ailleurs. Têtes de piafs ! Ils ne comprennent rien à la marche du monde. C'est la dictature de la bien-pensance. On est obligé de dire que les soldats du Hamas sont des terroristes, parce que les États-Unis l'exigent, parce que les banquiers le réclament. C'est la police des mots, elle nous matraque la tête et la langue. Non, je ne dirai pas que le Hamas est terroriste, parce que c'est faux. C'est trop facile d'appeler terroristes ceux qui se battent avec les opprimés, même quand ils commettent des saloperies. La guerre, de toute façon, c'est dégueulasse. La violence appelle la violence, et c'est pas la peine de chercher qui a commencé, c'est la poule et l'œuf. Le Hamas tue, Israël massacre. Le Hamas viole, Israël déclenche un génocide. Je les renvoie dos à dos, puisqu'ils ne sont pas fichus de vivre côte à côte. À Tanger, on y arrivait bien. Chrétiens, musulmans, juifs, côte à côte. Tous emmêlés. Tous solidaires. Parce qu'on était pauvres. Tanger, dans les années cinquante, c'était une ville blanche avec une jeunesse multicolore. Lombreuil, c'est un village vert avec des vieillards tout pâles.

*Le téléphone sonne.*

C'est lequel, cette fois-ci ? Qui a été désigné volontaire pour appeler le chef ? Qui a été envoyé au front pour lui extorquer une réponse ? Oui ou non ? Y va-t-y, y va-t-y pas ? Ou alors c'est un journaliste assez prétentieux pour croire que je vais lui donner le scoop de sa vie.

*Il décroche et raccroche sans prendre l'appel.*

J'ai dit 20 heures dimanche, ce sera 20 heures dimanche. Il est à peine 18 heures. Et puis j'ai le temps ! C'est dans plus de six mois, l'élection, je peux bien réfléchir deux jours. J'ai trois présidentielles dans les jambes, ils ne vont pas m'apprendre quand il faut démarrer. Si j'avais eu des rivaux, j'aurais décidé plus tôt, mais je n'ai pas de rivaux, je n'ai que des jaloux. À la retraite, ils me veulent. Le Vieux aussi, ils voulaient le mettre à la retraite. Après les législatives de 1978, au Congrès de Metz en 1979, fin 1980 quand il n'y en avait que pour Rocard dans les sondages... Il les a tous eus. Ne pas bouger et puis, d'un coup, se lancer... D'un coup, et tout le monde se couche, les ambitieux comme les envieux. J'ai toujours pensé que Mitterrand était un révolutionnaire, comme moi. Un jour, il m'a dit : « Bon, si c'est la révolution, on avisera. En attendant, ce sont les élections. » C'est pareil pour moi : je prépare la révolution, mais en attendant, ce sont les élections.

Ou alors, j'arrête. J'envoie tout balader et je reste ici. J'ai mes bouquins, j'ai le jardin. Je suis pépère. J'arrête tout et je les regarde se planter en ricanant, tous ces médiocres. Comme ce roublard de Clemenceau après 1918. Si je me présente, ils sont tous obligés de me suivre, ils passent leur tour, ils seront fous de rage. Si je renonce, ils n'ont personne, ils vont s'entre-tuer et le survivant fera un score minable. Donc, de toute façon, ils sont perdants. Alors pourquoi ils sont si pressés ? Ils ont le choix entre rester dans mon ombre ou n'être plus rien. Hé hé...

*Il soulève le combiné.*

Le pouvoir, c'est simple comme un coup de fil.

*Il repose le combiné.*

La première fois que j'ai vu Mitterrand, c'était en 1972, à Besançon. J'avais 21 ans et j'étais trotskiste. Ma spécialité, c'était de saboter les meetings des sociaux-traîtres, ces réformistes mous, ces types qui se disaient de gauche mais refusaient de faire la révolution. Les types qui soutenaient Mitterrand, quoi. Je me planquais au premier rang, sur le côté, pour pouvoir monter à la tribune, pousser l'orateur et prendre le micro. Je l'avais fait devant trois mille personnes en coupant la parole à Chevènement. Mais là, Mitterrand commence son discours et se met à parler du droit au bonheur, des petits bonheurs simples que le capitalisme refuse aux gens. Moi, je suis saint Paul sur le chemin de Damas. Je n'ai plus envie de lui voler le micro. Je ne le fais pas, je ne fais rien, je reste sur mon siège, j'écoute, j'écoute jusqu'au bout. C'est une révélation, ce moment a changé ma vie. Très souvent, depuis, je fais le même discours, je parle du bonheur, et à chaque fois cela touche le cœur des militants.

Quatre ans plus tard, à Lons-le-Saunier, Mitterrand revient pour une Fête de la Rose, et il nous parle de la neige. Il nous raconte son évasion pendant la guerre, sa traversée du Jura à pied en plein hiver, le froid qui engourdit les membres, la buée qui gèle sur les poils, le bleu qui enrobe le paysage, la neige qui craque sous les pas... Je la vois, la neige, elle est là, tout autour, tellement il parle bien. Puis il nous explique que la lutte pour la liberté, c'est la même chose : un homme transi de froid qui se bat pour avancer. Aujourd'hui, les socialistes jargonnent, avec des chiffres, des statistiques, des pourcentages. On dit que je suis un tribun ? Mais c'est parce que je parle des choses de la vie, de ce que les gens connaissent, tout simplement. Et ça, c'est le Vieux qui me l'a appris. « Ah ! Non, qu'il disait, épargnez-moi votre catéchisme, Mélenchon!» Voilà: je suis devenu bon en meeting quand j'ai arrêté le catéchisme. Pour parler de la vie.

Et la mienne, de vie, elle n'est pas banale. En 1962, ma famille quitte le Maroc. Ou plutôt, elle «rentre au pays». On n'avait jamais vécu en France, et pourtant on disait qu'on «rentrait». Bizarre, non? Et pourquoi partir? Il n'y avait aucun risque, au Maroc. Les Européens se sont quand même envolés comme une nuée d'étourneaux. Je me retrouve gare Saint-Charles, à Marseille, avec la cage du canari à la main. Affolé, le canari. Il y a un million de pieds-noirs autour de lui, qui fuient la violence, la guerre, les attentats. Moi, je ne fuis rien, je rentre, dans un chez-moi que je n'ai jamais vu, qui n'est rien pour moi. Fini les paysages, les odeurs, les lumières de mon enfance. Je rentre et je me sens plus étranger que jamais. D'abord, c'est la Normandie. Je suis bouche bée: on est en plein été et pourtant l'herbe est verte, pas grillée du tout. Il y a des pommes, des prunes à s'attraper des diarrhées monstres. En plus, la télévision à la maison. Puis c'est l'école, chez les curés. Là, pour les autres, je suis le bougnoule, le bicot, l'immigré. Au Maroc, c'étaient les musulmans, les méprisés. Et soudain, c'est moi. Je suis étranger dans mon pays. Ce malaise, je le ressens encore quand j'en parle. Mais très vite, on me respecte: ma spécialité, c'est le coup de boule.

1967. Voilà le Jura. Le lycée Rouget-de-Lisle, à Lons-le-Saunier. Mai 1968. Je suis en terminale, j'organise l'occupation de la Maison des Jeunes et de la Culture. Je comprends qu'il n'y a pas que les livres, il y a l'action, l'action de masse. Je dois provoquer des événements et y trouver ma légitimité. Les avant-gardes révolutionnaires, les intellectuels phares de l'humanité, je n'y ai jamais cru. Je crée les circonstances et les circonstances me donnent vie. C'est ça, la politique. La masse, les gens, les événements, et un meneur: moi. Quand les premiers délégués de classe sont élus, je les fais destituer grâce à des pétitions d'élèves – j'ai bien lu le règlement, c'est légal. Mes camarades prennent leurs places et je suis élu président de l'assemblée des délégués d'élèves! Président! Déjà!

*On entend une porte s'ouvrir.*

Voilà, c'est Catherine, c'est son heure. Elle enlève ses bottes, elle met des galoches et elle nettoie. Toujours le même rituel : poussière, linge, vaisselle, sol. À la fin, elle passe la serpillière en reculant jusqu'à la porte, elle remet ses bottes et elle part en laissant sécher derrière elle. Dans mon bureau, elle ne vient jamais quand je suis là. Je préfère ça, sinon elle met de l'ordre et je ne retrouve plus rien. Jamais une question, jamais une plainte. Là, elle m'entend parler, elle croit que je suis au téléphone, elle ne viendra même pas dire bonjour, elle ne veut pas déranger. Elle va me laisser une note sur la table avec ce qui manque, ce qu'il faut acheter, demain je lui mets les sous et elle fait les courses.

Je vois bien vos regards bizarres. Vous vous demandez si ça ne me gêne pas d'avoir une domestique, moi le héros de la gauche radicale, moi le révolutionnaire. Et alors ? D'abord, je la paye ; et je la paye bien. En plus, je lui laisse la monnaie des courses. Et je lui donne un treizième mois non déclaré, des étrennes quoi... Et puis

Robespierre aussi avait une gouvernante. On peut avoir du personnel et aimer le peuple. Ça aide, même.

Le peuple, je le connais, je l'ai rencontré il y a longtemps. Depuis cinquante ans, j'essaye de voir le monde avec l'œil d'un pauvre. Travailler, se nourrir, se loger, partir en vacances : qu'est-ce que ça veut dire quand on est pauvre ? C'est comme ça que je fonctionne pour savoir ce que sent le peuple. Le peuple, je l'ai vu quand j'étais ministre : tous ces gamins des lycées professionnels, tous ces minots qui se battaient pour avoir un CAP et qu'on méprisait. Le peuple, je le vois en Amérique du Sud, il déferle pour sauver sa peau. Le peuple, je le vois dans chacun de mes meetings, il boit mes paroles, il mange mes idées, il a faim et soif de liberté, comme en 1793 ; d'égalité, comme en juin 1848 ; de fraternité, comme en mars 1871 avec la Commune. Le peuple, ce sont les gens, plus la conscience politique que je leur apporte. Le peuple, c'est l'acteur nouveau de l'Histoire. Populiste, moi ? Eh bien oui ! Et j'en suis fier. « Populiste », c'est l'étiquette que vous collent les puissants quand ils n'arrivent plus à vous faire taire. Si je ne suis pas populiste, le peuple ira avec Le Pen. D'un bloc. Par colère. Par désespoir.

Attention, je ne supporte pas qu'on mette un signe égal entre Le Pen et moi. En 2017, au soir du premier tour, si je dis «Face à Le Pen, votez Macron!», je provoque une déflagration: mes électeurs ne sont pas prêts à le faire. Sept millions de Français ont voté pour moi, je ne peux pas brutaliser ces indignés en les faisant voter pour le candidat des riches et des patrons. Donc, je dis: «Chacun sait ce qu'il a à faire», puis on organise un référendum interne avec trois choix: Macron, blanc ou abstention. Comme ça, personne ne saura jamais combien d'électeurs de Mélenchon préfèrent Le Pen à Macron. Je suis propre.

*On entend un bruit dans la pièce à côté.*

Là, elle fait la vaisselle, je vous l'avais dit. Tiens, je vais vous parler cuisine. C'est important, la cuisine, ça dit beaucoup d'un peuple. Hier, j'ai préparé du quinoa aux crevettes. C'est Lula qui m'a donné la recette quand je suis allé le voir en prison, en 2019. Vous vous rendez compte ? Président, puis prisonnier, puis président à nouveau. Et vous voulez que j'arrête la politique ? Vous voulez que j'arrête d'y croire ? Si là, tout à l'heure, j'annonce que je ne suis pas candidat à la présidentielle, ce ne sera pas parce que je ne crois plus à la victoire, mais uniquement parce que la vie est courte et que dans le Gâtinais, j'ai la paix. Moi, j'ai vu Lula dans sa cellule, sursauter quand la porte s'ouvrait parce qu'il était sûr qu'on allait lui envoyer des tueurs un jour ou l'autre. Et trois ans plus tard, il a gagné la présidentielle. Pas par intervention divine : par détermination révolutionnaire, grâce à sa foi dans le peuple. Moi aussi, je crois au peuple et à la révolution.

La multitude est là, dans nos villes, avec les mêmes revendications, au Sud comme au Nord. La dignité. L'égalité. Un avenir pour les mômes. Une planète vivable. Pour la première fois dans l'histoire de l'humanité, des millions d'êtres humains ont les mêmes aspirations et subissent la même oppression, celle de l'oligarchie, du capitalisme financier, des nouveaux maîtres du monde. « Suivons not' bon maître, il sait ce qui est bon pour nous : pourquoi il faut se faire vacciner, combien d'heures il faut travailler, à quel âge partir à la retraite, comment rembourser la dette... » Tout ça, c'est fini ; c'est bientôt fini. La révolution citoyenne est en marche, rien ne l'arrêtera. La multitude devient peuple en se voulant Constituante : prendre le pouvoir, changer de régime.

Changer de régime, ça me rappelle qu'avec la vaisselle de Catherine, je devais vous parler de cuisine. Mais d'abord je vous explique la révolution citoyenne ; vous allez voir, c'est aussi une recette et c'est pas compliqué. Phase 1 : « C'est nous le peuple ! » On prend conscience de la force politique qui est la nôtre. Ça, c'est la phase instituante, un peu comme quand on met le feu sous une marmite. Vient ensuite la phase destituante, la phase 2 de la révolution, quand la marmite se met à bouillir, à déborder. C'est le dégagisme : « Qu'ils s'en aillent tous ! » « Dégagez ! » C'est ce que l'on a entendu en Argentine, contre les corrompus qui mangeaient dans la main de Washington. C'est ce que l'on a entendu au Brésil, au Venezuela, en Bolivie, en Colombie, en Équateur. C'est ce que l'on a entendu, en français, à Tunis ou au Caire, lors du printemps arabe. « Dégagez ! », c'est le cri des Gilets jaunes que la police du préfet Lallement éborgnait. « Dégagez ! », c'est ce que j'ai dit aux socialistes qui ont bradé le socialisme, tous ces valets du néolibéralisme, ces moutons du troupeau de Hollande. « Dégagez ! » Et ils ont dégagé. Les autres aussi vont dégager. Un par un, pays par pays. Chez nous, le « dégagé » s'appellera Macron. Vous avez vu dans quel état il finit son mandat ? Je ne suis même pas sûr qu'il aille au bout... Un coup de Gilets jaunes cet hiver et hop, il est par terre. Viré. Dégagé. Alors viendra la phase 3, la phase constituante. La VI$^e$ République, avec une Constitution rédigée par le peuple, pour le peuple. La Constituante, c'est la cuisine du peuple, avec des libertés à manger pour tous. Il y aura un référendum sur l'Europe, et si les autres ne veulent pas de nos conditions, on s'en va. Une révolution fiscale, aussi : 17 milliards à récupérer sur les successions – quand un riche meurt, je prends tout... presque tout ; 10 milliards à empocher en rétablissant l'ISF, 11 milliards avec l'impôt sur les sociétés, 26 milliards en traquant l'évasion fiscale. Quand c'est l'ère du peuple, les riches payent. Le peuple cuisine, le peuple se régale, les riches règlent l'addition.

Écoutez le peuple! Écoutez sa colère sur les ronds-points, écoutez sa douleur dans les couloirs des hôpitaux débordés, écoutez sa plainte dans les cités abandonnées par les services publics. Mitterrand est mort et enterré, l'union de la gauche est une vieille lune; la stratégie désormais, ma stratégie, c'est de fédérer le peuple. Grâce à moi, la France est passée du clivage droite-gauche au clivage haut-bas: l'oligarchie contre le peuple; le peuple contre l'oligarchie. L'oligarchie, c'est un groupe minuscule. Les maîtres du monde sont une poignée: les nouveaux aristocrates représentent 1 % de l'humanité, le peuple, 99 %. L'oligarchie, c'est le petit nombre de ceux qui accaparent tout et qui n'ont plus besoin des autres. Ils disent qu'ils vont partager, redistribuer, «augmenter les minima sociaux». Seulement, quand ceux d'en bas montent une marche, ceux d'en haut prennent l'ascenseur pour grimper au sommet du gratte-ciel, puis l'hélicoptère pour voler de tour en tour, comme au Brésil, sans croiser les pauvres qui grouillent en bas, dans la crasse et la pollution. Les puissants n'ont plus peur de la gauche, mais ils ont peur du peuple. Ils le méprisent, lui bourrent le crâne avec les éditocrates, insultent ceux qui le défendent, mais ils ont peur de lui. On nous dit depuis vingt ans qu'en compressant les salaires et en poussant les gens dans le dos, en leur tordant le bras, on fera décoller l'économie. C'est le contraire qui se produit. Ça fait vingt ans que ça dure. Le problème, c'est ceux qui se gavent. Le problème, ce n'est pas l'immigré, ce n'est pas le musulman. Le problème, c'est le banquier. Voilà le problème, il a un nom et une adresse. Les banques, gorgées de sang comme une tique sur le cou d'un chien errant!

*Un aspirateur démarre.*

Quand Catherine passe l'aspirateur, c'est que je parle trop fort. Vous trouvez que je parle trop fort? En fait, c'est vrai: je parle trop fort. C'est parce que je suis sourd. De naissance. Pas vraiment sourd, mais malentendant. Il faut que je tende l'oreille pour bien comprendre. Et encore: quand il y a du brouhaha et qu'on me parle, je suis obligé de deviner au moins un mot sur trois. J'ai passé ma vie à reconstituer les phrases des autres, ça m'a donné beaucoup d'imagination. C'est aussi pour ça que j'aime tant lire. La lecture, ce sont les mots dans le silence, sans l'effort du décryptage. Mais c'est aussi parce que je suis sourd que je n'aime pas qu'on me touche. Je n'entends pas venir les gens et ils me touchent, ils m'attrapent, ils me poussent. Je ne supporte pas ça. « Noli me tangere ! » *(L'aspirateur s'arrête)* En plus, maintenant, ils demandent des selfies, c'est insupportable. Dès que je peux, je viens me cacher ici. Ici, nul ne me touche, le silence est à moi, il est pur. Et je peux beugler sans gêner personne. Sauf Catherine, mais ça n'est pas grave, elle est habituée et elle a l'aspirateur.

Je n'oublie pas que je dois vous parler cuisine, mais la révolution, c'est plus important. Pas n'importe quelle révolution : la révolution trotskiste, la révolution internationaliste du prolétariat. Après Mai 68, à la fac, je deviens trotskiste parce que je ne peux pas être communiste : je ne supporte pas que les Soviétiques aient écrasé le Printemps de Prague. Ni que le PC et le PSU se partagent l'UNEF. Alors, je deviens lambertiste. Militant de l'OCI, l'Organisation communiste internationaliste. J'apprends la lutte, j'apprends la clandestinité. Mélenchon n'existe plus, je suis « Santerre ». J'ai trouvé ce pseudonyme dans *Quatrevingt-treize*, le récit de Hugo. Santerre commande la garde nationale pendant la Révolution, c'est lui qui fait rouler les tambours pour couper la parole à Louis XVI avant qu'on ne lui tranche la tête, le 21 janvier 1793. Moi, j'organise la grève des Lip à Besançon, je prépare la révolution, je suis dans l'avant-garde. Je deviens socialiste ensuite, parce que je comprends que les masses populaires ne bougeront pas assez pour renverser le système, qu'il est plus facile de passer par les urnes pour tout changer. Mais je suis toujours trotskiste au fond de moi ; c'est ma formation, mon essence. Si j'étais un œuf, le jaune serait trotskiste, le blanc socialiste ; et la coquille, c'est mon génie.

Je suis allé visiter la dernière maison de Trotski, à Coyoacan, au Mexique. Deux fois. J'ai vu l'endroit où Ramon Mercader, l'agent de Staline, lui a planté un piolet dans le crâne. J'ai rencontré là-bas le petit-fils de Trotski : il avait 96 ans, il courait comme un lapin, et il parlait un français impeccable, avec des tas d'imparfaits du subjonctif. Quand j'avais 20 ans, je voyais Trotski comme un chef de guerre, maintenant je le vois comme un être humain. Comment on traverse la vie comme il l'a fait? Comment on mène le combat? Comment on supporte l'assassinat d'une partie de sa famille? Comment on vit dans l'angoisse permanente? À Mexico, il disait à ses gardes du corps: «Surtout, ne parlez pas politique avec mon petit-fils.» Il voulait le protéger. À la fin, Trotski s'était mis à collectionner des cactus... Et il attendait les tueurs de Staline. Il n'avait aucune illusion. Il savait que ça finirait mal. Parfois, je suis comme lui. J'attends.

*Le téléphone sonne.*

Les tueurs, vous croyez? Comme dans les films... Si je décroche, il n'y a personne au bout du fil, mais les tueurs savent que je suis chez moi et ils débarquent... Alors, je décroche!

*Il décroche le téléphone.*

Allô ? Comment ? Parlez plus fort, je suis un peu dur d'oreille. Un sondage ? Un sondage sur quoi ? Sur la prochaine présidentielle ? Mais, monsieur, on ne sait même pas qui seront les candidats... Ah, vous avez une liste ? Vous avez bien de la chance. Dites-moi ça... Le Pen, pas étonnant. Ah, vous remettez Zemmour, ça ne lui a pas suffi la dernière fois... Édouard Philippe, ça va de soi. Même Bayrou ? Vous n'avez pas peur du ridicule. Et à gauche ? Comment ça, Mélenchon ? Mais il n'a pas encore dit s'il serait candidat... Vous supposez ? Mais de quel droit vous supposez ? Et pourquoi vous ne supposez pas que Mitterrand est candidat ? Ou Marchais ? Ou de Gaulle ? Parce qu'ils sont morts ? Et Mélenchon, qui vous dit qu'il n'est pas mort, lui aussi ? Et s'il est candidat, est-ce que vous voterez pour lui, monsieur ? Ah, c'est moi le sondé, pas vous... Eh bien, laissez-lui encore une heure au sondé, et il vous dira ce qu'il va faire.

*Il raccroche.*

Les tueurs, les nouveaux tueurs, ce sont eux : les sondages. Si vous n'avez pas de bons sondages, vous ne pouvez rien faire, rien dire, vous n'intéressez personne, vous ne passez jamais à la télé, mais si vous ne passez jamais à la télé, vous ne pouvez pas monter dans les sondages... La popularité, ça se fabrique et ça se détruit. C'est facile de briser un homme dans l'estime du peuple. Avec des fuites dans la presse, des juges complices et des faits imaginaires, on discrédite, on salit, on condamne. Ça s'appelle le « *lawfare* ». Avant, je prononçais mal, je disais « là-haut faire », mes camarades se moquaient de moi. Ma langue, c'est le français, l'espagnol, un peu l'arabe, pas l'anglais. Le *lawfare*, ça commence par une dénonciation que les médias reprennent en boucle, ils en font des tonnes, ils s'amusent, ça fait du sang sur les murs. Puis un juge « ouvre une enquête » et le rouleau compresseur se met en marche. C'est ce qu'ils ont fait à Lula. « Il pourrira en prison », avait dit Bolsonaro. Perdu. Le pouvoir a voulu le transférer dans une prison remplie de tueurs, mais il s'est trouvé des magistrats pour refuser cette exécution. « Ils ne savent plus que faire de moi », m'a dit Lula quand je suis allé le voir dans sa cellule. Le cas Lula devenait embarrassant, ça commençait à être mauvais pour les affaires, cet acharnement judiciaire. On l'a libéré, il a repris la lutte. Il a gagné.

Moi, on a essayé de m'abattre en octobre 2018, avec les perquisitions. Il y a des gens qui démarrent d'un bond à 5 heures du matin, pas moi : à 8 heures et demie, je ne sais pas encore comment je m'appelle. Ce jour-là, il est à peine 7 heures, j'entends «boum! boum!» à ma porte. Pas «dring! dring!», «boum! boum!» – ça change tout. «Police!» J'ouvre, entrent chez moi huit personnes armées jusqu'aux dents, avec des gilets pare-balles. «Vous êtes bien M. Mélenchon?» J'aurais dû répondre : «Non, je suis le Père Noël», juste pour voir. Je comprends qu'ils vont saisir mon téléphone, alors je préviens vite les camarades. Ce jour-là, les flics débarquent dans dix-sept lieux différents, ils sont plus d'une centaine, tout le service de répression des fraudes, au grand complet.

Alors, oui, je me suis énervé. On ne me monte pas sur les pieds sans qu'il en cuise à celui qui le fait. Quand vous plantez un clou et que vous ratez le clou, est-ce que vous dites : «Oh zut, je me suis meurtri le doigt » ? Moi, je m'en prends au marteau, je l'insulte, je gueule contre le clou. Quand j'ai su qu'ils fouillaient aussi le local du mouvement, j'ai explosé. Oui, j'ai dit aux flics : « Ma personne est sacrée ! » Parce que c'est vrai. Depuis 492 avant notre ère, le parlementaire est sacré. Ce n'est pas un privilège, c'est une protection. Ça date des Romains. Un jour, le peuple s'est mis en grève, il a désigné des représentants, les tribuns, et le pouvoir leur a garanti qu'ils étaient inviolables. S'en prendre à un tribun du peuple, c'était un acte antireligieux ; la peine, c'était la mort. J'ai fait fabriquer des T-shirts XXL avec écrit dessus : « Ma personne est sacrée ». Gros succès. Vous mettez ça au moment d'aller au lit, ça le fait, je vous le garantis. Quand le policier me dit : « La loi est la même pour tout le monde ! », je lui réponds : « La République, c'est moi ! » Et j'ai raison. Je suis le tribun du peuple. Je suis le peuple. À ce moment-là, je suis le peuple agressé par le régime macroniste. Ils ont saisi tout ce qu'il y avait sur nos ordinateurs, les photos de vacances comme le fichier du mouvement, un fichier de 50 000 noms, avec des diplomates, des militaires dedans ; c'est un risque pour eux d'être identifiés comme militants LFI. La police et la justice sont deux passoires, elles donnent tout à tout le monde si vous payez! Et personne n'a protesté. Même la CNIL ne s'est pas inquiétée de voir notre fichier saisi. Ce pays est tellement gangrené par la peur du pouvoir vertical que personne n'a rien dit. Eh bien moi, je ne me laisse pas couper la gorge pour faire plaisir aux chaînes d'infos. J'ai l'honneur d'être le premier député inculpé politique depuis la guerre d'Algérie, alors je me bats.

Le juge d'instruction est content: il s'est payé Mélenchon, il va pouvoir raconter ça au déjeuner de communion de son neveu, il va pouvoir épater sa belle-mère... Un an après, j'ai pris trois mois avec sursis et 8 000 euros d'amende. Elle va vite, la justice, quand il s'agit de taper sur Mélenchon... Condamné pour rébellion et provocation. Je porte ça comme une décoration. Je suis un rebelle depuis l'âge de 16 ans, mais je n'ai été décrété rebelle officiel qu'à 68 ans, par le pouvoir macroniste! Au procès, les flics qui avaient mené l'enquête, qui m'avaient interrogé, ils étaient tous partie civile. Ils réclamaient de l'argent. Le grand costaud barbu qui était devant la porte du local de LFI, il a obtenu sept jours d'arrêt de travail parce qu'on a crié trop fort. Au procès, je lui ai dit: «Changez de métier! Si un gars comme moi vous met par terre en parlant trop fort, qu'est-ce que ce sera le jour où vous poursuivrez un type armé?»

Cette affaire des perquisitions, c'est le moment de bascule du régime macroniste. Je l'ai sous-estimé. Il décide d'éliminer les adversaires politiques. De les disqualifier. Macron essaye de briser notre mouvement politique parce qu'il sent monter la colère du peuple. Les perquisitions, c'est un mois avant le début des Gilets jaunes. Ce n'est pas un hasard. Rien n'est un hasard avec Macron. Depuis quelques années, en France, il y a un mélange détonant qui menace les libertés publiques, avec un pouvoir violent et menaçant, puis la peur qui se propage comme une épidémie. Le résultat, tout en bas de la société, c'est la servilité. Et quand vous montez dans la hiérarchie sociale, c'est le larbinat. Ainsi, quand vous avez été socialiste et que vous vous êtes rallié à la macronie, que vous êtes fonctionnaire, par exemple magistrat, vous donnez des gages, vous prouvez que vous avez changé de camp, vous faites du zèle. La servilité des petits et le larbinat des moyens, c'est comme ça que l'oligarchie macroniste maintient son emprise sur le pays. Avec la peur, la peur partout. Une idéologie sécuritaire et paranoïaque rôde au sommet de l'État. On l'a vu avec la répression contre les Gilets jaunes. Les yeux crevés, les mains arrachées. Un ministre faible qui encourage les policiers les plus violents. Et à chaque bavure, c'est l'art de la défausse : c'est pas la faute du ministre, mais du préfet ; non, pas du préfet, du commandant sur le terrain ; même pas, c'est la faute du flic qui a mal visé avec son LBD ou sa grenade. Et finalement, c'est la faute des victimes : elles n'avaient qu'à ne pas être à cet endroit-là, elles n'avaient qu'à obéir à l'ordre de dispersion de la manif, elles n'avaient qu'à rester chez elles !

Quand je parle de « violences policières », je sais ce que je dis. Avec des pudeurs de gazelle, on me répond : « Non, il n'y a pas de "violences policières", il y a parfois des policiers qui sont violents. » Mon œil, si j'ose dire à propos de ces sauvages qui éborgnent à tout-va. La violence est structurelle dans la police, elle dégouline de haut en bas, de la hiérarchie jusque dans les rues, elle transpire sous les casques et derrière les boucliers. Elle n'est pas déontologique, elle est ontologique. La police n'est pas pacifique hormis de temps en temps quand elle se lâche, la police est violente sauf si on la retient. Rien n'a changé depuis Charonne et les nervis de Papon. La police, c'est la vestale de la répression. Vous les avez vues, les brutes de la Brav-M, dans les manifestations ? Faut les envoyer se faire soigner, ces barbares ! Pourquoi ils s'engagent, ces gars, si ce n'est pour pouvoir cogner au nom de la loi, sous la protection de l'uniforme, en étant couverts par le ministre ? Et regardez le meurtre de Nahel : il redémarre, le motard lui met une balle en plein cœur. Une interpellation, ça ? Une exécution, oui ! Sans sommation. « Tu bouges, t'es mort ! » C'est la loi du shérif, c'est le Far West, c'est pas la République.

Avant, les policiers, on les appelait « gardiens de la paix » ; maintenant, on dit « forces de l'ordre ». Mais de quel ordre sont-ils les garants ? La plupart du temps, on a l'impression que ce sont eux qui fichent le désordre. Macron a nommé le préfet Lallement : pourquoi les psychopathes de cette nature montent-ils en grade ? Quand je dis « La police tue », je sais ce que je dis. La police tue. Les médias mentent. L'oligarchie s'accroche. Macron est là. La révolution vient. Le système organise la violence pour que les gens aient peur et que ça discrédite le mouvement social. « Augmenter le mécontentement du peuple pour éveiller en lui un grand besoin d'ordre. » C'est Mirabeau qui disait ça. Oui, l'oligarchie attaque. Par tous les moyens. Elle fausse les débats, décourage les électeurs, se réjouit de l'abstention, manipule les modes de scrutin, utilise les médias complices. Et quand il le faut, elle agite sa police et sa justice. Elle provoque des incidents. Pourquoi on n'a pas eu un attentat ou un meurtre juste avant la présidentielle 2022 ? Parce que je l'ai annoncé un an avant ! Ils ne pouvaient plus le faire, puisque je l'avais prédit ! J'avais dit sur France Inter qu'après Mohamed Merah en 2012 et l'assassinat d'un policier sur les Champs-Élysées en 2017, le système trouverait quelque chose pour 2022. Un événement gravissime qui permettrait une fois de plus de montrer du doigt les musulmans et d'inventer une guerre civile. Je l'ai dit, alors ils étaient coincés. Il n'y a rien eu. Sauf la guerre en Ukraine. Avec ça, pas besoin d'attentat, pas besoin de fait divers. Ça les a bien arrangés, quand même, cette guerre…

*On entend un bruit de porte.*

Voilà, Catherine est partie. Vous avez vu ? Vite fait, bien fait. Et elle ne m'a pas emmerdé une seconde. Sauf avec l'aspirateur, mais c'est parce que je beuglais. Je devrais la prendre comme directrice de cabinet à LFI, je serais moins harcelé. La recette de cuisine, je vous l'ai promise et vous l'aurez. C'est à Besançon, quand je suis arrivé à la fac, que j'ai commencé à faire la tambouille. Le premier jour, je vois deux gars sous le porche qui discutent du rôle de Boukharine en 1920 à Moscou… Je me sens un peu dépassé. Un peu péquenot. Alors j'adhère à l'UNEF et je plonge dans le trotskisme. Les dirigeants de l'OCI qui viennent de Paris sont un peu ennuyeux, un peu sectaires, pas du tout jouisseurs. Tandis que nous, à Besançon, on fait la fête en permanence, des banquets. Et j'apprends à cuisiner. Et puis, il y a cette manie des chefs de parti : dire ce qu'il faut faire. Alors que moi, je préfère regarder ce qui se fait tout seul, sans consigne d'en haut. Le mouvement spontané, la masse en action. C'est elle qui commande. C'est elle l'être vivant, c'est pas le parti, ni le syndicat, ni l'idée politique. Il ne faut pas la récupérer, la masse, il faut gagner sa confiance, aider le fleuve à trouver son lit. Les manifs contre les lois Debré, les comités de soldats, la grande grève des Lip... À chaque fois, je laisse le mouvement aller son train, je me fais adopter, puis je deviens le leader. La cause est grandiose, c'est la révolution, donc je suis grandiose. Je sais tout mieux que tout le monde, je ne suis pas modeste, je détiens la Vérité, avec un grand «V» comme «Victoire», je suis la Vérité.

À Besançon, quelques années plus tard, je décide d'adhérer au PS. Je vais à la section du parti, où on me fait passer un grand oral : «Que pensez-vous du modèle socialiste tanzanien ?» Ça m'a un peu découragé... Plus tard, je retente ma chance à la section de Lons-le-Saunier. «T'es qui ?» «Jean-Luc Mélenchon, leader étudiant trotskiste à Besançon.» «Tu veux quoi ?»

« Adhérer au PS. » « Prends le formulaire et remplis-le. » « On ne discute pas des orientations ? » « Pour quoi faire ? Remplis le papier. Écris bien. » « Mais... je suis trotskiste... » « Et alors ? Moi, j'étais au PSU, maintenant je suis socialiste. Signe. » J'ai signé. « Voilà, t'es socialiste. » On me confie les entreprises : je crée des sections du PS dans toutes les usines de la région, même dans les fromageries. Et je dirige le journal du parti. Qui fait bientôt faillite. Mais ma plume a été repérée, me voici engagé à Massy, dans l'Essonne. La banlieue, une ville-champignon, avec des immeubles qui poussent partout, des bureaux, des tas de logements, toutes les classes sociales. En 1981, je prends la tête de la fédération socialiste de l'Essonne ; en 1983, je suis élu au Conseil municipal ; en 1986, j'entre au Sénat, je suis le plus jeune sénateur de France. Autour de moi, il y a Geoffroy de Montalembert, Josselin de Rohan-Chabot, Hubert d'Andigné de Thévray. La France de droite, la France d'avant-hier... Le premier jour de séance au palais du Luxembourg, je mets une cravate de cuir rose et un costume pied-de-poule avec des motifs énormes. Je ne suis plus seulement un militant, je suis un homme politique. *Dignitas* et *gravitas*. Mais je ne serai jamais un politicien. Jamais. La lutte, toujours. D'accord, je n'ai jamais bossé à l'usine, je ne connais pas l'entreprise de l'intérieur, à part quelques jobs d'étudiant. Mais les travailleurs, je les comprends. Avant, ils avaient un métier, c'était noble. Puis ils ont eu «un boulot». Aujourd'hui, ils ont «un job», ou «du taf». Demain, ils seront tous ubérisés. Quelle décadence.

Bon, la recette. Je vais vous donner celle de mon plat préféré, le plat le plus difficile à réussir au monde. Les coquillettes au beurre. Ne vous marrez pas, je suis très sérieux. Plus c'est simple, la cuisine, plus c'est difficile. C'est comme la politique. Mon truc, c'est de retirer les pâtes avec une épuisette juste avant qu'elles soient cuites, et de les plonger dans une casserole d'eau glacée quatre secondes. Ça stoppe net la cuisson. Puis je les retrempe dans l'eau bouillante, l'amidon explose et ça leur donne une texture unique au monde. J'ai appris ça en Italie, avec des camarades. En Italie, j'ai mangé des pâtes vivantes; en France, elles sont mortes, on les appelle des nouilles. L'autre secret, c'est le beurre. Il faut faire moitié-moitié avec du beurre demi-sel et du beurre doux. Deux noisettes que vous faites fondre en les mettant au cœur des coquillettes, au milieu, pas sur le dessus. C'est si chaud dedans que le beurre se vaporise instantanément et diffuse dans toute l'assiette. Divin. Vous essaierez.

J'ai appliqué la même recette pour la Nup, en 2022. Je fais bouillir la gauche avec les législatives, puis je la plonge dans l'eau glacée en lui rappelant que le boss, c'est moi. Et l'effet beurre fondu, c'est la pagaille à l'Assemblée. C'est aussi pour ça que je prononce «Nup», comme ça on n'entend que «Nouvelle union populaire», on n'entend ni le «e» des écologistes, ni le «s» des socialistes. Parce que la Nup, c'est La France insoumise, point barre. Dans la Nup, il y a les Insoumis, tous les autres ce sont les soumis. En 2017, ils ont organisé une primaire de la gauche. Pourquoi *la* gauche? Il y avait trois gauches cette année-là: Hamon et les écolos, qui ont fait 6%. Macron, mais on a vite vu que ce n'était pas la gauche. Et moi. Cinq ans plus tard, il n'y avait plus qu'une seule gauche, la Nup, c'est-à-dire moi. La gauche, c'est moi! «Rome n'est plus dans Rome, elle est toute où je suis. » Corneille, *Sertorius*, acte III, scène 1. J'aime bien Corneille. Sertorius, c'est moi. J'ai quitté la gauche pour la réinventer ailleurs. La vieille gauche est morte, je suis la nouvelle gauche : elle s'appelle le peuple. J'ai digéré les socialos, j'ai même bouffé les cocos. En 2022, ils ont voulu avoir leur candidat. Résultat : 800 000 voix pour Roussel, 8 millions pour moi. J'ai le monopole du rouge.

Le Parti socialiste, tout le monde sait qui l'a tué : c'est François Hollande. Moi, je n'ai fait que l'enterrer. Hollande, je ne lui pardonnerai jamais. Au Congrès de Brest, en 1997, on passe un accord : il doit être élu Premier secrétaire avec 85 % des voix, et moi je dois atteindre 15 %. Un bidouillage classique au PS… Finalement, il magouille et je ne fais même pas 10 %. Pourquoi ? Juste pour m'humilier, pour le plaisir de me voir enrager. Petit monsieur. Même président, il est resté mesquin. Petit monsieur, petit président. Un capitaine de pédalo qui se prenait pour le Grand Timonier. Il a même osé déclencher le 49.3 pour faire passer la loi Travail contre sa majorité, en 2016. Et quel jour il choisit pour cette forfaiture ?

Le 10 mai! C'est une honte. Je ne lui pardonnerai jamais. Hollande, c'est le petit jockey du cheval de Troie néolibéral. Énarque socialiste, c'est un oxymore. Tous ces technocrates, ils nous ont tiré dans le dos pendant trente ans, ils ont détruit le socialisme de l'intérieur. Mais c'est fini. Leur carriérisme a marché, ils ont eu l'Élysée avec Hollande, Matignon avec Valls, mais c'est fini. Ils ont accouché de Macron, qui les a tous bouffés. Et la gauche est de retour, la vraie, la mienne. La Nup, c'est la pierre tombale jetée sur le cadavre de Hollande, pour être sûr que ce zombie ne revienne jamais.

Le seul à qui je pardonne, c'est Lionel Jospin. Quand il était à Matignon et que je suis devenu ministre, en 2000, la France avait le gouvernement le plus à gauche du monde occidental. Ailleurs, il n'y avait plus que des thatchériens pour la droite et des blairistes pour la gauche. Jospin, c'est le dernier qui m'ait appris quelque chose sur l'exercice du pouvoir, sur la manière de projeter une idée sur le réel. Mais il était coincé dans des mythes ridicules. Cette manie d'être transparent sur tout, tout le temps, de n'avoir rien à cacher. Transparent comme être humain, transparent comme Premier ministre. Ce n'est pas ça, la politique. La politique, c'est le secret, le labyrinthe, le non-dit. Il faut du Mitterrand, il faut du Machiavel pour faire un bon politique. Mitterrand, c'est un meuble dont chaque tiroir cache un tiroir secret dans lequel il y a une clef pour un troisième tiroir dont personne ne connaît l'emplacement. Jospin, c'est un buffet de cuisine avec une vitrine pour qu'on voie chaque bol, chaque tasse, et qu'on puisse vérifier que tout est bien propre. Lionel est toujours tout entier dans ce qu'il dit ; il n'y a rien à lire entre les lignes. Moi, je crois au proverbe africain : « Il y a plusieurs personnes dans une personne. » La seule chose que Jospin ait cachée, c'est son appartenance au trotskisme. Un comble ! Tous les anciens trotskistes se vantaient de l'avoir été ! Il y en avait partout, des trotskos, à cette époque : dans les ministères, dans les cabinets, dans les entreprises publiques, au Parlement, dans la pub, dans les médias, dans la culture, même au Cac 40. Le dernier à être clandestin, c'était Jospin. Quand il l'a avoué, je suis tombé de ma chaise : le Premier ministre de la France avait eu pendant des années sa carte du Parti socialiste dans une poche et celle de l'Organisation communiste internationaliste dans l'autre ! Pourtant, j'aurais dû m'en douter. À Matignon, quand il commençait une réunion avec des ministres, il sortait son cahier et prenait tout en notes alors qu'il y avait au moins trois secrétaires à chaque fois : ça, c'est un truc de trotskiste !

*Le téléphone sonne deux coups puis s'arrête. Puis il sonne encore deux coups et s'arrête.*

Là, c'est un code. Faut que je réponde.

*Le téléphone sonne à nouveau, il décroche.*

Allô, Manu ? *(au public)* Non, pas Macron : mon Manu à moi, Bompard... Quoi, l'AFP ?... Non, je ne leur ai rien promis... Eh bien, ils attendront, comme les autres... Non, je n'ai pas écouté Autain sur BFM, j'ai taillé mes rosiers, c'était plus intéressant... Ah ? Elle est prête si je n'y vais pas... Prête à quoi ? À faire 2 % ?... Ruffin la soutient ? Très bien, elle est foutue !...

Oui, je t'appelle tout à l'heure. Non, je n'ai rien décidé encore. *(Il raccroche)*

Je l'aime bien, Bompard. C'est un matheux, il est formidable pour organiser, préparer, gérer. Et comme il sait qu'il n'a aucun charisme, il n'essaye pas de me piquer ma place, il ne se prend pas pour le président. Les autres, tous les autres, ils ne pensent qu'à ça. Ce qui me sauve, c'est qu'ils s'entre-bouffent sans arrêt. Regardez comme ils ont fait la peau à ce pauvre Quatennens. Une gifle! Une seule petite gifle au bout de plusieurs années d'une histoire tordue avec une espèce de… Enfin, une histoire bien compliquée. Et voilà, ils l'ont mis au tapis. Les requins ont bouffé le rouquin. Du féminisme, ça? De l'ambition, juste de l'ambition. Éliminer les rivaux, trahir les alliés, prendre le pouvoir, grimper. C'est ça, la politique, avec les femmes comme avec les hommes. À la fin, il n'en reste qu'un, et si c'est vous, c'est que vous avez tué tous les autres. Pour l'instant, c'est moi. C'est encore moi. En 2022, quand je leur ai dit « Je suis en retrait, pas en retraite », ça les a rendus fous. Depuis, ils ont tout fait pour m'abattre. Tout. La plus dangereuse, c'est Sandrine Rousseau. Personne ne l'arrête. Elle n'a peur de rien, surtout pas du ridicule – c'est une force, en politique. Elle sait bien que Les Verts ne voudront jamais d'elle comme cheffe, alors elle se sert de la Nup pour viser plus haut. Comme Mitterrand en 1971, à Épinay : il n'est pas membre du PS et il en devient le patron. Rousseau, elle veut prendre ma place sans passer par LFI. Mais Sandrine a mal lu Jean-Jacques. Elle n'a pas compris que l'écologie sans la lutte des classes, c'est du jardinage. Les Verts, ils font de l'écologie pour bobo-chic ou pour baba-cool. Ils n'ont jamais vraiment quitté le Larzac, Les Verts. Sauf pour aller au marché bio en vélo électrique. Avec moi, il y aura la règle verte : interdiction de prélever sur la nature plus qu'elle ne peut reconstituer. Avec moi, il y aura 100 % d'énergies renouvelables, et la fin du nucléaire. Avec moi, il y aura un haut-commissariat au bien-être animal et un tribunal international pour juger les écocides. C'est du vrai vert, ça, pas du vert pâle. Le vrai vert, en fait, il est rouge. Marx est le premier à l'avoir dit : « Le capitalisme épuise les hommes et la nature. » Le capitalisme, ça ne se régule pas, ça se renverse. L'écologie est révolutionnaire ou elle n'est pas. La révolution est écologiste ou elle n'est pas. Et là, j'ai cent coups d'avance sur Rousseau.

*Un silence.*

Ils sont tous là, devant leur portable, à attendre l'alerte info. Le «breaking news», comme disent les chaînes d'infos: «Jean-Luc Mélenchon renonce à se présenter à la présidentielle.» Ce ne sera pas le vide après moi, ce sera le trop-plein. Je milite depuis soixante ans, j'arrive au bout. Je ne suis pas fatigué, je suis rongé. Les calomnies, les attaques... L'acide passe sous l'armure, à la fin. J'arrive au bout. Quand je mourrai, je me demande bien ce qu'ils diront de moi, tous ceux qui me poussent dehors, qui me poussent vers la tombe. Est-ce qu'il y en aura un pour prononcer un hommage à ma dimension? Quand Mauroy est mort, Hollande a organisé une cérémonie aux Invalides pour dire que c'était l'homme du «tournant réaliste de 1983». La cinquième semaine de congés payés, la retraite à 60 ans, les nationalisations? Pas un mot. Coller au pauvre Mauroy la responsabilité de la rigueur, comme une médaille, c'est odieux. J'espère que personne ne me salira comme ça. Moi, le lendemain de la mort de Fidel Castro, le 26 novembre 2016, je descends dans la rue et je prends la parole devant la foule. « Fidel a échappé à 600 tentatives d'assassinat. Des prisonniers politiques à Cuba ? Et alors ? À Guantanamo, il y a bien eu des prisonniers politiques torturés par les Américains, non ? Avec Fidel, le peuple cubain a vaincu la résignation. Oui, Fidel a fait des erreurs. Tout le monde fait des erreurs, mais tout le monde n'est pas Fidel. Demain était une promesse aussi longtemps que Fidel était là. Aujourd'hui, je vois la cohorte des opprimés et des humiliés qui l'escortent dans sa dernière marche. *Adelante, guerrilleros*, Fidel avance dans le ciel et voici l'épée de Simón Bolívar qui s'élève devant lui. *Adelante, guerrilleros, hasta la victoria siempre*. À nous la liberté dont Fidel était le serviteur… » J'en fais trop ? Peut-être, mais trop, c'est juste assez pour moi.

Je pense de plus en plus souvent à la mort. À ma mort. C'est l'âge qui veut ça. Et puis tous ces morts autour de moi, les camarades qui tombent, les amis qui disparaissent. Le lendemain de sa disparition, en janvier 1996, je suis allé voir le corps de François Mitterrand. Je suis dans la chambre, je n'arrête pas de pleurer, on me passe des mouchoirs par-dessus l'épaule, ça n'est pas très viril pour un pied-noir. Le Vieux est là, allongé, magnifique, marmoréen. Un empereur romain couché au milieu d'une chambre de moine. Quel bonhomme! Vichy, Pétain, Bousquet, tout ça je m'en fous. Le chemin est tortueux, mais Mitterrand, c'est le socialisme au pouvoir. À l'été 1995, à Latche, le Vieux était furieux contre Chirac et son discours du Vel' d'Hiv : « Pourquoi ajouter une humiliation à la France ? Pourquoi s'excuser ? » Il détestait les perroquets de la bien-pensance ; moi aussi, je les déteste. Les génuflexions devant les ukases arrogants des communautaristes du Crif, c'est non. Il faut dire « non » au système, « non » aux lobbies, « non » aux médias. En septembre 1994, deux jours avant son interview télévisée par Elkabbach, sur Pétain, la francisque et tout le reste, Mitterrand me fait venir à l'Élysée. Il a son pantalon de velours, il me dit : « Ils veulent me détruire dans l'esprit des braves gens, tuer ce que je suis pour eux. » Il avait compris cela : quand le système veut nous éliminer, il nous fait passer pour antisémites. *Reductio ad Hitlerum*! Et puis il prend mon bras, il le serre et me dit : « Marchez. Ne cédez jamais. Marchez votre chemin. » Eh bien je marche, monsieur, je marche !

Moi aussi, on veut me faire passer pour un antisémite. Parce que je combats l'islamophobie, je suis antisémite. Parce que je n'ai pas de comptes à rendre au Crif, ce supplétif de l'extrême droite, je suis antisémite. Parce que je défends les Arabes des banlieues quand la police les contrôle au faciès, je suis antisémite. Parce que je cartonne Zemmour chaque fois que je peux, je suis antisémite. Allons donc ! Et parce que je dis que madame Braun-Pivet « campe » à Tel-Aviv, je suis antisémite. La police des mots, encore et toujours. On n'a pas le droit de dire « camper » si on parle d'un juif ? Il faut dire « terroriste » pour le Hamas et ne pas dire « camper » pour un juif ? Mais quand on passe plusieurs jours avec les chefs de l'armée israélienne, on « campe » bien, non ? Et puis la politique, c'est être ambivalent. Le but, c'est de gagner d'un côté sans perdre de l'autre. Le « Je vous ai compris ! » du général de

Gaulle, c'est ça. D'ailleurs, lui aussi il a été traité d'antisémite quand il a parlé d'«un peuple d'élite, sûr de lui-même et dominateur». C'est en 1967 qu'il a dit ça, après la guerre des Six Jours, quand Israël a cassé un équilibre qui était déjà précaire. Antisémite, de Gaulle, celui qui a chassé les nazis de France ? De Gaulle, Mitterrand : tous les grands ont été traités d'antisémites. Parce que c'est l'insulte suprême quand on ne peut plus atteindre sa cible. Je suis fier de prendre ma place dans le rang. Antisémite, c'est le crachat absolu. Il retombe sur la gueule de ceux qui le vomissent.

L'antisémitisme, c'est pas dans mes moyens. Ras le bol qu'on essaye de me disqualifier en parlant des juifs. Marre qu'on me salisse comme ça. Oui, j'aime bien Jeremy Corbyn, il a le sens du peuple. Et s'il dit que «les sionistes britanniques ne comprennent pas l'ironie anglaise», il sait de quoi il parle. D'ailleurs, ici aussi ça manque un peu de sens de l'humour. Ça suffit, d'inventer des antisémites et de voir le Crif sortir son rayon laser chaque fois que quelqu'un dit quelque chose qui lui déplaît. Je n'ai rien contre les juifs, rien. Mais je les ai défendus toute ma vie, et ils m'ont abandonné. Alors, tant pis pour eux. « Vous connaissez la puissance et la nocivité du lobby juif. » Ce n'est pas moi qui ai dit ça, c'est Mitterrand. À Jean d'Ormesson, le jour où il a quitté l'Élysée, le 17 mai 1995. Alors, m'emmerdez pas...

Le Vieux, il croyait en Dieu. Enfin, il croyait dans « les forces de l'esprit ». Moi, pas. Enfin, je ne sais plus... Quand même, je crois que je crois aux forces de l'esprit... Je ne fais plus les mauvaises blagues de ma jeunesse, j'étais grossièrement anticlérical, j'étais offensant pour ceux qui croient. Pourtant, j'y suis allé, à l'église, tout petit, et beaucoup. Au Maroc, j'étais enfant de chœur, mais je poussais mes camarades à se rebeller contre le curé. Un jour, il a dit à ma mère : « Vous n'en tirerez rien, de ce gamin, c'est un révolté. » La messe, à l'époque, c'était magnifique. Le latin, l'encens, les cierges, ma mère qui chante... Et puis soudain, patatras, plus de messe, la famille est excommuniée. Pourquoi ? Parce que mes parents divorcent. C'est quoi, une Église qui excommunie ? Ça sert à quoi, une Église qui exclut ? Adolescent, j'ai adoré les livres de Teilhard de Chardin ; vous avez lu ? J'en ai encore un exemplaire, là, entre la bio de Chávez et le *Petit Livre rouge*. Teilhard, c'est un jésuite qui affirmait que la création divine n'était pas achevée, que chaque être humain devait la compléter. Génial ! Un proverbe rabbinique dit : « Ce qu'il y a de plus important, c'est Dieu, qu'il existe ou qu'il n'existe pas. » Ça, c'est fort. La foi n'a pas besoin de raisonnement.

Longtemps, mon Église, ça a été la franc-maçonnerie. En 1983, j'y vais comme ça, au Grand Orient, pour voir, pour piquer des idées. Ça ne m'attirait pas beaucoup : pensez donc, les premiers mois, on n'a pas le droit de parler pendant les réunions… Mais je trouve dans la franc-maçonnerie ce qui manque alors à ma vie : la transcendance. Moi, le mécréant, le bouffeur de curés, le rationaliste, le marxiste pétri de matérialisme historique, je découvre quelque chose qui me dépasse, qui dépasse l'humain. La lumière… En 2018, quand j'ai gueulé contre la police qui fouillait mes tiroirs, ils ont voulu me suspendre. Heureusement, il y a eu quelques frères courageux pour refuser. En 2020, je suis parti de moi-même. Écœuré. C'était fini. Ils sont morts, les frangins, ils n'ont pas compris le nouveau monde. Le peuple ne veut plus d'une élite cachée pour décider à sa place.

*On sonne à la porte.*

Putain, qui c'est ? À cette heure-là… Pas un journaleux, quand même ?

*Il sort quelques instants et revient, une enveloppe à la main.*

C'était la gendarmerie… Un pli du préfet… Même lui, il n'a pas mon téléphone. Ça ne doit pas les empêcher de me mettre sur écoute… *(Il ouvre le pli)* Ah ! Si je me déclare candidat ce soir, il me propose une protection policière immédiate et une escorte pour rentrer à Paris. Quel cirque ! Il croit que je suis assez naïf pour me pointer dans la capitale avec des motards et un gyrophare ? Devant toutes les caméras ! Ils ne reculent devant rien, ces macronistes. Si je suis candidat, je rentre en voiture avec un camarade, anonyme. En plus, c'est moins cher pour les comptes de campagne.

Mais est-ce que je vais être candidat ? Qu'est-ce que vous en pensez ? Combat de trop ? Baroud d'honneur ? « C'est la lutte finale… » J'ai 75 ans. L'âge de De Gaulle quand il s'est représenté en 1965… L'âge de Mitterrand quand il a gagné le référendum sur Maastricht. Et je porte beau, non ? Je fais un peu de gym, je marche, je m'entretiens. Ma voix est toujours là, c'est l'essentiel. Longtemps, j'ai porté la barbe. Ça faisait socialiste, ça faisait marxiste. Même Strauss-Kahn était barbu, à l'époque. Je l'ai rasée quand elle a blanchi, et quand j'ai vu que le capitalisme récupérait les barbus. Il les a appelés les « hipsters », des bobos qui dépensent leur fric en godasses, en fringues et en smartphones.

Pourquoi je ne serais pas candidat ? Pourquoi je laisserais la place à l'un de ces félons ? Ceux qui pensent que je suis fou si j'y retourne, c'est qu'ils ont peur, donc j'ai déjà gagné. Ce n'est pas moi qui suis fou, c'est l'époque, c'est le moment politique. Avec la crise qui dure, avec les puissants qui ne lâchent rien, les pauvres vont cracher du sang. Mais le peuple gronde. Rien ne fera rentrer dans son lit le fleuve qui est en train de déborder. Tout craque, il faut être prêt. La révolution est un termite dans la charpente du capitalisme. Ça grignote, personne ne l'entend, et un beau matin, le toit tombe sur la tête des riches. Fou, Mélenchon ? Plein de raison, au contraire. Fou, non, mais dangereux, oui. Dangereux pour eux. « *I'm very dangerous.* » J'ai trouvé ça dans Shakespeare, dans *Macbeth* : « La vie n'est qu'un conte, raconté par un idiot, tout de bruit et de fureur, et qui ne signifie rien. » Eh bien, je suis le bruit et la fureur !

La mondialisation heureuse, ça n'existe pas, c'est juste le rêve de Macron. Ou plutôt ça n'existe que pour ceux d'en haut, ceux qui exploitent les autres et consomment les ressources de la planète. Jet-ski à midi, jet privé pour rentrer à Paris. La mondialisation, c'est la sénilité du capitalisme. Tout commence en 1971, quand Nixon supprime la parité or-dollar. À partir de là, les États-Unis font tourner la planche à billets, ils noient le monde sous les dollars. C'est le capitalisme financier, la spéculation permanente, c'est la bulle qui peut crever n'importe quand. Le système devient gazeux, explosif. Alors, les Américains font la guerre, partout où ils doivent protéger le dollar. Et assurer leur mainmise sur le pétrole. Parce que l'or a été remplacé par l'or noir. Tenir le pétrole, c'est protéger le dollar. La guerre du Golfe? Le pétrole! La guerre contre Al-Qaïda ou Daech? Le pétrole! La guerre en Afghanistan, en Syrie, demain en Iran? Le pétrole! Le pétrole! Le pétrole! La maladie, ce n'est plus: «Le poumon! Le poumon!», c'est: «Le pétrole! Le pétrole!» L'Amérique invente le gaz de schiste et massacre l'environnement pour cracher du pétrole. La guerre en Ukraine, ça les a bien arrangés, les Américains, pour nous vendre leur gaz liquéfié! Ce n'est pas la Russie qui est responsable de la guerre en Ukraine. Ce que j'appelle «responsable». Quand l'URSS s'est effondrée, personne n'a négocié avec Moscou les nouvelles frontières. Il n'y a pas eu de traité. À la place, les États-Unis ont agrandi leur alliance militaire et l'Europe s'est élargie à des pays qui avaient un salaire moyen de 135 euros par mois! L'OTAN et l'UE: voilà les puissances qui nous ont menés vers la guerre. Oui, je suis anti-atlantiste. Primaire, secondaire et tertiaire. Les Américains sont responsables du désordre du monde. Ils mettent leur puissance au service de leur cupidité. Je refuse la soumission. L'URSS n'est plus là, mais il reste la France, il reste «Liberté, Égalité, Fraternité», il reste Mélenchon!

L'Europe! L'Europe libérale! Ils ont dit aux gens: «Vous voulez la paix? Soyez modernes, soyez flexibles!» Moi, je rêvais d'une République européenne, un peu comme une «grande France», j'étais fédéraliste. Mitterrand m'a enfumé, à l'époque: «Il faut voter le traité de Maastricht! Les Allemands, nous allons leur clouer la main sur la table!» Mon œil... C'est eux qui nous ont crucifiés, avec leur politique de rigueur, les 3% de déficit maximum, la dérégulation à outrance. Une Europe allemande, voilà ce que nous avons laissé faire. L'Allemagne a annexé l'industrie de toute l'Europe, elle a tout pris. Et pourquoi? Parce qu'elle est faible. Parce qu'elle est vieille. Parce que son capitalisme est fragile. Vous coupez le gaz, l'Allemagne s'arrête! Vous stoppez l'immigration avec ses ouvriers bon marché, elle s'effondre. Non à l'Europe allemande. La France doit négocier de nouveaux traités, les faire valider par référendum et si le peuple dit non, on s'en va, on quitte l'Europe. C'est ça, mon plan B. Aujourd'hui, ça craque de partout. Le capitalisme est en Ehpad, le système se fendille, l'oligarchie panique. Personne ne remboursera ses dettes, surtout pas la France. Pas question de se laisser saigner comme les Grecs. Non à l'Allemagne. Non à l'Europe de Bruxelles. C'est ça aussi, la révolution citoyenne !

*Un clocher se met à sonner au lointain.*

Tiens, c'est l'angélus. Il va être 19 heures. Quand j'entends le clocher de Lombreuil, c'est que le vent est à l'ouest. Il va pleuvoir demain. Je vais allumer la radio, on va voir s'ils parlent de moi…

*Il allume un transistor.*

Pas de télé, ici, pas d'internet bien sûr, pas de « box », pas de « cookies ». Juste une vieille radio. Et encore, ça marchait mieux quand c'était en grandes ondes…

« … le front dépressionnaire gagnera le centre de la France dans la nuit, avec des ondées à prévoir des Charentes jusqu'au Loiret, à l'Yonne et à l'Aube… »

Je vous l'avais dit, il va pleuvoir…

*(Carillon…)* « RTL, il est 19 heures, le journal… » « Sera-t-il ou non candidat pour une quatrième fois ? Jean-Luc Mélenchon a promis d'annoncer avant 20 heures ce dimanche s'il brigue à nouveau la présidence de la République ou s'il passe la main. La France de gauche retient son souffle, tandis que les suppléants sortent du bois. Après Clémentine Autain à la mi-journée, c'est Sandrine Rousseau qui se déclare, je cite, "disponible dans une démarche transpartisane pour mener la lutte contre l'oppression écocide et viriliste". On écoute Sandrine Rousseau… »

*Il coupe le poste.*

Ça aussi, je vous l'avais dit. Rousseau, c'est la pire.

*Il range le poste.*

En tout cas, ils l'attendent, ma décision, tous ces journaleux. Les médias, c'est la deuxième peau du système. Du matin jusqu'au soir, ils défendent l'ordre existant en expliquant qu'aucun autre n'est possible. Ils le font avec constance, bonne humeur et application. Ils enrobent tout ça de mots, de valeurs, de raisonnements. Et le système les finance : tous ces milliardaires avec leurs journaux, leurs télés, leurs radios. Comment voulez-vous que leurs valets remettent en question le capitalisme ? Ils ne vont pas mordre la main qui les nourrit, tous ces éditocrates. C'est comme ça que la presse est devenue l'ennemie de la liberté d'expression. Le pouvoir médiatique inocule de la drogue dans les cerveaux. La haine des médias, la haine de ceux qui les animent est donc juste et saine. Il faut un tribunal professionnel pour cette sale corporation voyeuriste, ces menteurs, ces tricheurs, ces enfumeurs, ces têtes pourries. Mais avant d'en arriver là, je dois les traiter rationnellement ; c'est un combat où je ne suis pas le plus fort, donc je dois être le plus malin. Un jour, j'ai traité un stagiaire du *Parisien* de « petite cervelle » devant les caméras.

Une autre fois, devant ses collègues, j'ai balancé à un journaliste de droite que je savais tout du passé collabo de son grand-père. Ça a fait rigoler mes camarades, mais ça ne m'a rien rapporté.

Et puis un éditorialiste m'a dit: «Pourquoi faites-vous la guerre aux médias? Vous ne pouvez pas gagner contre les médias... Pour gagner, il faut les avoir avec soi.» Et là, j'ai compris. Alors, je change tout: je les flatte, les plumitifs, je parle littérature avec eux, ou cuisine, je les remercie de me donner la parole, de retransmettre mes meetings. Dans les couloirs des télés, je salue tout le monde, je leur dis qu'ils sont des travailleurs courageux, avec le poids des actionnaires sur le dos, la concurrence des Gafa et le déclassement social qui les menace. Je ne suis plus le candidat anti-médias, je suis le candidat préféré des journalistes. Les médias ne peuvent pas se passer de moi; moi, je peux me passer des médias. Car je les déborde, j'ai mon blog, ma chaîne YouTube, je suis un cador sur TikTok. Aujourd'hui, je secoue plus le débat avec un tweet qu'en allant au 20 heures. «La police tue!»: quinze signes, des millions de lecteurs. Le seul qui ait fait mieux que moi, c'est Trump. C'est comme ça qu'il a gagné. C'est comme ça que je gagnerai. Vous avez vu à quel point les médias attendent ma décision ? C'est dimanche et je suis le centre du monde. Aujourd'hui, les médias me mangent dans la main parce que je fais de l'audience, je fais vendre, je suis un «bon client», le meilleur même. Demain, quand je serai au pouvoir, je les libérerai de l'intérieur. Ils sont avec moi, tous ces jeunes journalistes mal payés, ils sont à moi, ils pensent comme moi, ce sont les insoumis invisibles. Ils détestent la télé qu'on leur demande de fabriquer, ce robinet de *fake news*. Quand la révolution se déclenchera, ils prendront la forteresse de l'intérieur, comme à l'ORTF en Mai 68.

Un jour, il y a longtemps, je suis interviewé sur LCI, et j'apprends que l'invité suivant, c'est Jean d'Ormesson. Je demande si je peux le saluer, et on m'amène dans la loge maquillage. D'Ormesson, pour moi, c'est la culture absolue, c'est le raffinement, c'est l'esprit français. Il est là, devant moi, avec son œil de glacier pétillant. Je lui serre la main et je lui dis : «J'espère qu'à travers cette poignée de main, un peu de votre génie passera en moi.»

Il sourit et réplique : « J'espère qu'à travers cette poignée de main, un peu de vos idées ne passeront pas en moi ! » Un génie… J'en suis resté tout espanté, comme on dit à Marseille. C'était il y a longtemps… Il y avait Jean d'Ormesson dans les médias. Maintenant, il y a des éditocrates…

*Le téléphone sonne.*

Et voilà. Peut-être un journaleux qui a déniché mon numéro. Allez, si c'est ça, je réponds et je lui donne ma décision. Chiche ?

*Il décroche.*

Allô ? Oui, c'est moi. Vous êtes qui ?… Je peux savoir comment vous avez eu mon numéro ?… Vous travaillez pour un journal de gauche ?… Du centre ? Mais ça n'existe pas, le centre, mademoiselle. « Le centre, ça n'est ni à gauche ni à gauche », comme disait Mitterrand. Vous voyez qui c'est, Mitterrand ?… Ah, *La République du Centre*, le journal local. C'est mieux… Eh bien, rappelez-moi dans cinq minutes et je vous donnerai ma réponse.

*Il raccroche.*

Si j'y vais, je vais mal dormir. Toute cette fatigue devant moi, tous ces coups à prendre, à donner… À quoi ça rime ?

Si je n'y vais pas, je vais mal dormir. Ce sera fini, je serai balayé, oublié. Je ne serai plus bon qu'à mourir. Quand je dors mal, c'est toujours la même image dans ma tête : les vagues, les immenses rouleaux, au cap Spartel, près de Tanger. L'Atlantique, c'est la brutalité. Quand j'étais gamin, on se promenait là en famille, le dimanche. Ou alors, on allait à Malabata, côté Méditerranée. Là, c'était plus doux, plus intime, plus européen. Quand il faisait beau, on voyait l'Europe, Gibraltar, tout près. La Méditerranée, c'est la mère du monde, notre bonne mère à tous. Tout est parti de là. Elle n'est pas notre pédiluve, cette mer, elle nous a fabriqués. La mer, elle entre en vous. Vous la regardez et vous allez mieux. Je l'admire, elle m'écoute. Je grandis. Elle me murmure mon destin. Elle me donne mon souffle.

Il faut que j'y aille.

Voilà. J'ai trop parlé, une fois de plus. Louis XI a dit un jour : « Ma langue m'aura coûté cher. » À moi aussi... Pourtant, je réfléchis avant de parler, je la tourne, ma langue, avant d'ouvrir la bouche, je me fais des nœuds au cerveau. Je suis un héritier de Kant : « On n'agit pas clairement si on ne pense pas clairement. » On doit construire sa vie en la pensant comme une œuvre d'art. Je vous ai un peu saoulés, non ? Je vous ai raconté Mélenchon « à sauts et à gambades », comme disait Montaigne. Une confession ? Non, je n'ai rien à me reprocher, je n'ai pas de péchés à avouer. Des erreurs ? Oui, qui n'en fait pas ? Mais des péchés, non. Mélenchon n'est pas un saint, Mélenchon n'est pas le diable, tout ça, ça n'existe pas. Et si Dieu existe, quand j'arriverai devant lui, je lui dirai : « Tu es qui, toi ? De quel droit tu es là ? Je suis Jean-Luc Mélenchon. Je suis le peuple. Dégage ! »

*Le téléphone sonne. Il le regarde.*

*Un péril nommé Santerre*

*ou*

*Lui, Jean-Luc M.*

Je suis en deuil de Jean-Luc Mélenchon.

Il est mort quelque part dans les fossés de l'islamogauchisme. Il s'est pendu avec la corde de la provocation. Il s'est fait exploser en kamikaze de l'outrance. Ci-gît Jean-Luc M., républicain apostat, socialiste dévoyé, humaniste égaré.

Je l'ai rarement approuvé, longtemps estimé. Nous nous sommes croisés, beaucoup; nous nous sommes affrontés, souvent; nous nous sommes admirés, parfois. Voici que désormais il faut le détester, parce qu'il est détestable. Voici qu'il faut le combattre, parce qu'il est dangereux. En quinze ans de dérives, délires et dérapages, Jean-Luc Mélenchon a réussi à devenir l'ennemi public numéro un. Le républicain intraitable a cédé la place à un ennemi de l'État. Le gardien du temple parlementaire s'est mué en destructeur des institutions. Le laïcard farouche est devenu un suppôt de l'islamisme.

Le voici qui franchit même les bornes du pire en s'engluant dans les marécages de l'antisémitisme, par un refus de condamner le Hamas et ses épigones, par des ambiguïtés de moins en moins ambiguës, des allusions de moins en moins allusives et des sous-entendus qui crient de plus en plus fort. «Voici la France», tweete Mélenchon le 22 octobre 2023, en exhibant la photo d'un rassemblement parisien noyé sous les drapeaux palestiniens. Et il ajoute: «Pendant ce temps, madame Braun-Pivet campe à Tel-Aviv pour encourager le massacre.» Camper, une allusion antisémite? Camper, un mot qui évoque les camps de concentration? Mélenchon s'enturbanne de stupéfaction, dénonce «la police des mots» et joue les idiots: «Comment les accords de Camp David peuvent-ils utiliser un mot antisémite?»

Mélenchon antisémite, ou – c'est pire – complaisant envers l'antisémitisme: qui l'eût cru? Mélenchon capable d'abjurer la République pour en flatter les ennemis, séparatistes barbus et obscurantistes de tout poil : qui l'eût dit ? « Je suis le bruit et la fureur », lance-t-il le 21 novembre 2010, au début de son aventure personnelle. Alors qu'il approche de la dernière manche, il serait désolant, détestable et désastreux de le voir s'avilir. Inconcevable il y a quelques années, cette issue est aujourd'hui un cauchemar que l'on peut redouter. Parce qu'il en est là, parce qu'il aggrave son cas chaque semaine et entraîne par sa verve des foules hostiles, des foules odieuses, il faut se dresser devant lui, il faut faire barrage. « Ferme ta gueule », lui lance Gérard Larcher, le président du Sénat. Les mélenchonistes crient à l'injure, alors qu'il ne s'agit là que d'un conseil amical. Bien sûr, il ne la fermera pas. C'est pourquoi il faut contrer chacune de ses paroles. Parce que est posée au centre de la vie politique la question de l'antisémitisme de Mélenchon, il faut se transformer en modeste Zola du quotidien et, sans relâche, rédiger le « J'accuse » qui contribuera à l'arrêter sur cette pente fatale où il entraîne la gauche, où il pousse la France.

Donc, j'accuse Jean-Luc Mélenchon de s'employer à abattre tout ce qui faisait la grandeur de cette gauche – et qu'il vénéra longtemps : la laïcité, la défense de la République, le sens de la justice, le service de l'État.

J'accuse Mélenchon de prôner l'islamo-gauchisme en pensant benoîtement que le gauchisme sera plus fort que l'islamisme.

J'accuse Mélenchon de trahir le peuple en se proclamant son seul prophète.

J'accuse Mélenchon de détruire la France en cultivant la haine des élites.

J'accuse Mélenchon de servir les intérêts de Marine Le Pen en poussant vers elle tous ceux qu'il terrorise par ses outrances et ses abominations.

J'accuse Mélenchon de salir l'idée de révolution en cultivant la nostalgie de la Terreur et de la Commune, en glorifiant le tortionnaire Castro, le dictateur Chávez et le massacreur Maduro.

J'accuse Mélenchon de miner l'Occident en accusant l'Europe, en diabolisant les États-Unis et en vénérant les autocrates en place à Moscou, Ankara ou Pékin.

J'accuse Mélenchon d'œuvrer à la fin de la gauche de gouvernement, au profit du nihilisme.

J'accuse Mélenchon de vouloir abattre l'État en commençant par ses premiers défenseurs, policiers et magistrats.

Enfin, j'accuse Mélenchon d'avoir tué Mélenchon.

«Faites mieux!», lance le perdant, battu pour la troisième fois, au soir du premier tour de la présidentielle de 2022. Depuis, Mélenchon fait pire, tous les jours pire, de pire en pire à chaque polémique. Ce personnage dressé aujourd'hui contre ce qui fait la France est d'abord un individu qui se prolonge contre lui-même. Ce ne sont ni les médias, ni les élites, ni le «système» qui discréditent au fil du temps le patron de La France insoumise, c'est Mélenchon qui détruit chaque jour Mélenchon. Et pourtant, c'est ainsi et seulement ainsi qu'il peut survivre. Pour briller, il lui faut brûler. Alors, il se carbonise, inlassablement, pour renaître de ses cendres après chaque immolation. Ceux qui le croient fini après ses saillies pro-Hamas sont les mêmes que ceux qui le disaient perdu après sa rébellion contre les policiers perquisitionnant le siège de son parti, en octobre 2018. Ne nous trompons pas, ne soyons pas dupes une fois de plus. Mélenchon est un cannibale qui se nourrit de lui-même, il se tue pour se ressusciter, il est Saturne qui dévore ses enfants et il est chaque enfant de Saturne. Ouvrons les yeux : depuis le massacre du 7 octobre, depuis les dérapages impardonnables de Mélenchon et de ses sbires les plus proches, qui a surgi à gauche pour prendre sa place ? Personne ! Tous l'ont critiqué, aucun ne l'a affaibli. Qui peut croire qu'à la tête de « Picardie debout », François Ruffin entraîne le peuple ? Qui peut penser que Clémentine Autain soulève les foules ? Qui peut songer que Raquel Garrido incarne l'espoir ? Et qui peut imaginer sans rire qu'Olivier Faure soit en 2027 le candidat à la présidentielle d'une gauche plurielle et néanmoins unie ? Mélenchon est un géant entouré de nains. Que le géant soit dangereux ne fait pas grandir les nains.

« Faites mieux ! » De cette injonction, Mélenchon s'est inspiré depuis pour le titre d'un livre, premier volume de son bréviaire de campagne pour la prochaine présidentielle. Ce soir de printemps 2022, nombreux sont les naïfs qui tirent leur chapeau à celui qui feint de tirer sa révérence. « Je suis en retrait, pas en retraite », susurre-t-il pour duper ses adversaires, les commentateurs, ses alliés et ses successeurs. Il retrouvera les premiers, méprisera les deuxièmes, asservira les troisièmes et épuisera les derniers. C'est le roi Lear qui semble répartir son royaume entre ses enfants : le groupe parlementaire à Mathilde Panot, le parti à Manuel Bompard, l'avenir à Adrien Quatennens. Quelle erreur ! C'est en réalité Macbeth qui s'accroche à sa couronne, prêt à mentir, trahir et occire pour garder son royaume. C'est Richard III qui circonvient ou élimine tous ceux qui se dressent sur la route de son pouvoir. C'est Titus Andronicus qui massacre ses rivaux et ses enfants avec la même sauvagerie froide, et se coupe la main plutôt que de renoncer à son ambition et à sa vengeance. Mélenchon appartient à Shakespeare, mais il n'est jamais du côté de la couronne qui règne, toujours du côté de la couronne qui saigne. Il est un héros de la duperie, de la rouerie et de la violence. Pour conserver le pouvoir, il n'a ni pitié, ni limites.

Reprenons l'acte d'accusation. Pour l'islamo-gauchisme, la dérive de Mélenchon vient de loin. En novembre 2019, le patron de LFI s'affiche avec ses ouailles dans un cortège du Collectif contre l'islamophobie en France, dont l'un des dirigeants, Marwan Muhammad, clame «*Allahou akbar*» dans la sono. Mélenchon n'entend rien. Un an plus tard, la dissolution du CCIF est engagée, tant sa propagande est nauséabonde autour de l'assassinat de Samuel Paty. Mélenchon n'entend rien. Saisi, le Conseil d'État confirme la dissolution et note que le même Muhammad a «tenu publiquement des propos tendant à relativiser, voire à légitimer, les attentats contre le Musée juif de Bruxelles en 2014 et contre le journal *Charlie Hebdo* en 2015, et promu l'idée d'une suprématie de la communauté musulmane». Mélenchon n'entend rien. Parce qu'il ne veut rien entendre. Mélenchon a tant besoin des forces de l'islam qu'il passe tout aux islamistes. Il veut faire des imams ses agents électoraux et des mosquées la chambre d'échos de ses meetings.

Tout part d'un calcul simple et cynique : la révolution a besoin d'un lumpenprolétariat pour dresser ses barricades. Les masses prolétaires blanches de l'industrie, pensées par Karl Marx, célébrées par Émile Zola et groupées par Maurice Thorez, ont fondu au fur et à mesure de la fermeture des usines. Les nouveaux damnés de la terre sont les enfants de l'immigration, parqués dans les banlieues, oubliés par la promesse républicaine, condamnés au chômage, victimes du racisme et des contrôles au faciès. Pour les entraîner vers le vote LFI, mais surtout pour les mobiliser en vue du Grand Soir, Mélenchon reprend leurs aspirations. S'ils veulent islamiser la société, s'ils considèrent que la laïcité est une oppression, s'ils estiment que le dogme religieux est au-dessus de la loi républicaine, il faut les soutenir – il sera toujours temps de séculariser ces troupes après la prise du pouvoir. Alors Mélenchon se « convertit ». Celui qui, en 2010, considérait le voile islamique comme « un traitement dégradant » défend l'abaya en 2023. Celui qui défendait il y a quelques années « l'idée qu'on a le droit de ne pas aimer l'islam », affirme aujourd'hui qu'« il y a en France une haine des musulmans déguisée en laïcité ». C'est donc en toute logique qu'il refuse de qualifier le Hamas de groupe terroriste, laisse ses proches l'appeler « mouvement de résistance » et pousse l'islamo-gauchisme jusqu'à l'antisionisme, donc l'antisémitisme.

S'il s'agit d'un calcul électoral, il est funeste autant que cynique, et n'a aucune chance d'être gagnant. Au lendemain de la présidentielle 2022, l'Ifop dévoile un chiffre stupéfiant : 69 % des musulmans ont voté Mélenchon. Mélenchon élu président de la République au premier tour par la France islamique ! Mélenchon à l'Élysée quand les mahométans seront majoritaires dans le pays ? Quand bien même cet électorat, aujourd'hui dispersé et surtout abstentionniste, se mobiliserait à l'unanimité pour Mélenchon, il ne lui offrirait pas la victoire dans les urnes et faciliterait même la tâche de son adversaire dans un éventuel second tour, par un mot d'ordre fatal : tout sauf l'islamo-gauchisme !

Mais Jean-Luc Mélenchon ne veut pas gagner, il veut faire sauter le système, et l'islamisme est sa nouvelle bombe. Les barbus ne sont là que pour l'aider à atteindre le second tour de la présidentielle face à Marine Le Pen. La candidate RN l'emportera haut la main, mais Mélenchon espère bien que le choc dressera une France contre l'autre, celle des banlieues contre celle des centres-villes, celle des quartiers contre celle des campagnes, celle des minarets contre celle des clochers. Alors adviendra la révolution, la fin de cette « mauvaise République » qu'il déteste, la chute de cette bourgeoisie qu'il méprise, l'abolition de ce capitalisme qu'il abhorre. Il sera bien temps ensuite d'écarter du pouvoir les prédicateurs encombrants pour renvoyer la religion à ses cloîtres. Ainsi pensaient les communistes iraniens lorsqu'ils ont laissé l'ayatollah Khomeini prendre le pouvoir à Téhéran – on a vu le résultat. « Passez devant avec la lampe de poche, je vous suis avec le revolver », propose Mélenchon aux islamistes. Mais ils n'ont pas de lampe de poche, ils ont des lance-flammes, et dans la fusillade finale, le revolver trotskiste ne pourra rien contre les kalachnikovs du Jihad. Mélenchon allume un incendie qui le dévorera. Ce qu'il n'a pas compris, c'est qu'avec l'islamisme, dès la première compromission, il est trop tard.

Même si l'islamo-gauchisme de Mélenchon est une ruse révolutionnaire, même s'il ne relève pas d'une conviction idéologique, d'une apostasie personnelle, il ne peut qu'aboutir à une catastrophe. Concéder à la religion la supériorité sur la République, appuyer le contrat social sur la priorité à la foi, c'est annihiler ce que la France a bâti depuis 1789. Si la révolution l'emportait dans la rue, grâce à ce nouveau prolétariat mahométan, le vert noierait le rouge. S'allier avec les islamistes est pire que s'allier avec les fascistes. Le rouge-brun est une addition, celle des populismes et des colères, à égalité de forces. Le rouge-vert est une soumission, il aboutit à la dilution du politique dans le religieux. Le fanatisme engloutit toujours la révolution, Allah est plus fort que Lénine.

« La guerre est la continuation de la politique par d'autres moyens », pour Carl von Clausewitz. L'islamo-gauchisme est la continuation du populisme par d'autres moyens, pour

Jean-Luc Mélenchon. Qu'est-ce que le populisme ? C'est un kidnapping géant, celui du peuple. J'accuse Mélenchon de le séquestrer depuis quinze ans dans les souterrains de sa radicalité. Dès les débuts de son aventure solitaire, en 2008, il fait le choix du populisme. Bien avant de clamer «La République, c'est moi», il affirme que «le peuple, c'est lui». Quand le journal *Le Un* lui demande, en octobre 2017 : «Qu'avez-vous prévu pour parler au peuple sans diplôme ?», la réponse de Jean-Luc Mélenchon a la simplicité du messianisme et la bouffissure de la vanité : «Moi. Vous pouvez vous identifier à moi. J'assume le refus de ce monde. (…) Mon comportement valide leur insoumission spontanée. Les personnes que je croise dans la rue, dans le bus, dans le métro, sentent d'instinct celui qui est "avec nous". » Mélenchon invente l'égotisme insurrectionnel.

Depuis quelques mois, il use d'un autre vocable et vante le «peuplisme». Ce néologisme lui permet de renouveler le logiciel révolutionnaire, de mobiliser la jeune garde qui assure son emprise sur La France insoumise, et surtout de se distinguer de l'extrême droite. Le populisme, c'est Le Pen, le peuplisme, c'est lui.

S'il a le monopole du peuple, c'est que tous les autres leaders politiques sont les sbires de l'élite, les valets de la finance et les suppôts de l'OTAN. Il est le peuple, les autres sont «le système». «Le système», c'est l'invention de l'ennemi par Jean-Luc Mélenchon. «Le système», c'est la cohérence supposée et dénoncée de tous ceux qui ne sont pas d'accord avec lui. «Le système», c'est l'enfant du complotisme gauchiste et de la paranoïa mélenchonienne. Bien entendu, «le système» a des ficelles, et ceux qui les tirent dans l'ombre sont les propriétaires des journaux et des télés, les actionnaires des banques et du Cac 40, les amis des États-Unis et de la finance internationale. Et c'est ainsi que «le système», pour les esprits simples, prend vite les traits des caricatures les plus odieuses. Mais qu'importe les dérives? Mélenchon est innocent puisque Mélenchon, c'est le peuple, et que le peuple a les mains pures.

De quel droit est-il le seul à incarner le peuple? Du droit de celui qui crie le plus fort. «Qu'ils s'en aillent tous!», hurle-t-il en meeting. *Qu'ils s'en aillent tous!*, tel est le titre du livre sur lequel il appuie sa campagne présidentielle, en 2012. Slogan importé des foules en colère d'Amérique du Sud, mantra de ce «dégagisme» qui oppose sa simplicité de table rase aux équations complexes du consensus démocratique. Le peuple n'est vraiment peuple que si sa conscience politique s'éveille, c'est-à-dire s'il suit Jean-Luc Mélenchon. Les autres citoyens forment le troupeau des masses populaires abusées par les puissants et par leurs agents recruteurs, c'est-à-dire les médias et leurs «éditocrates». Mélenchon n'est pas démagogue, il ne va pas où soufflent les bons sondages et se moque d'être le plus détesté dans les baromètres d'opinion. Mélenchon est profondément populiste, il veut pétrir les foules, les galvaniser, les hypnotiser et leur faire croire qu'elles sont le seul peuple, le peuple élu, le peuple de la révolution. Le tribun se fait tribunitien, et c'est ainsi qu'il glisse vers le fascisme.

Car il y a du fascisme, désormais, dans le mélenchonisme. Cette façon de parier sur la haine des foules contre «le système». Cette certitude que le salut viendra tôt ou tard de la rue et d'une décisive «marche sur Rome». Cette volonté de pourrir les institutions de l'intérieur, d'investir l'Assemblée nationale non pour la revitaliser mais pour la saborder, l'incendier, la «bordéliser». Cette détermination à choquer, à terroriser, à injurier, à porter la violence dans le moindre débat public. Tout cela, qui s'est intensifié avec les années, habituant les Français au tohu-bohu et à la véhémence, à la menace et à l'invective, c'est la dérive fasciste du mélenchonisme. C'est ainsi que LFI soutient le boycott d'Israël, et n'entend pas quand on crie «Mort aux juifs!» dans les manifestations. C'est ainsi qu'un député insoumis se met à chanter en chœur avec ceux qui voudraient bien décapiter Emmanuel Macron. Les fascistes italiens faisaient boire de l'huile de ricin à leurs adversaires, les mélenchonistes les aspergent de leurs diatribes les plus virulentes, les salissent sur les réseaux sociaux et les désignent à la vindicte populaire. Rien d'illégal, il s'agit de détruire les réputations en frôlant la diffamation, il s'agit de faire peur. La France insoumise a fait entrer la V$^e$ République dans une nouvelle ère de violence. Une violence verbale, cathodique et numérique.

Une violence virtuelle aux dégâts bien réels. Au commencement du mélenchonisme était le verbe, et le verbe s'est fait cher, très cher. La démocratie en paye le prix, électrisée par la surenchère, transformée sans cesse en jeux du cirque, incendiée de l'intérieur par le pyromane Mélenchon, ce Ravachol des réseaux sociaux dont les bombes ne font pas tic-tac mais TikTok.

À venir ainsi sur le terrain du fascisme, à chauffer jusqu'à incandescence la palette du rouge-brun, Jean-Luc Mélenchon est devenu le meilleur allié de Marine Le Pen. Dans un premier temps stratégique, il rivalise avec Le Pen, lui dispute une partie de son terrain de chasse, cette lande électorale où poussent la ronce anticapitaliste, le chiendent anti-élites et le chardon antilibéral. Il veut lui arracher le monopole de la colère verticale, qui agite la France d'en bas contre les installés de tous les pouvoirs. Il veut lui ôter le bénéfice de la détestation des technocrates, surtout s'ils sont à Bruxelles. En 2011, dans un dessin prémonitoire, Plantu représente les deux candidats en campagne, chacun en train de lire un discours : le parchemin est un seul et même rouleau qui va d'une tribune à l'autre… Mélenchon est fou de rage quand il voit cette caricature dans *L'Express*; dans la loge d'I-Télé, il traite de «fasciste parfumé» le directeur de l'hebdomadaire. Non parce que ce rapprochement est injurieux, mais parce que sa stratégie est débusquée.

Aujourd'hui, Jean-Luc Mélenchon considère avoir dépouillé Marine Le Pen de son capital de méchanceté. Par sa normalisation, sa notabilisation, la patronne du Rassemblement national va perdre, il en est certain, les faveurs de la France qui veut mordre. Tandis qu'elle sourit, il montre les crocs. Plus elle s'affiche en placide éleveuse de chats, plus il se fait tigre, et même tigre enragé. Elle écoute ceux qui gémissent? Il leur promet de crier plus fort qu'elle. Pour faire mal à ceux d'en haut, pour que saigne «le système», il ne faut plus voter Le Pen, cette nouvelle bourgeoise, mais Mélenchon, le dernier des méchants, le dernier des Mohicans.

En agissant ainsi, en devenant l'ambassadeur de la peur, il fait de l'extrême gauche la principale menace, et érige donc l'extrême droite en antidote. « Plutôt Le Pen que Mélenchon » est devenu l'évidence pour les républicains bon teint, ceux qui persistent à distinguer la peste du choléra. « Plutôt brun que rouge » est l'autodéfense de la bourgeoisie légaliste, qui entend ainsi sauver les institutions. Pourtant l'arrivée du lepénisme au pouvoir serait une catastrophe économique, un danger social et un péril démocratique, mais la lucidité collective se brouille, sous l'effet croisé de la brume anesthésiante diffusée par le RN et de la fumée asphyxiante exhalée par LFI. Éric Zemmour, parce qu'il est plus à l'extrême droite qu'elle, a installé Marine Le Pen dans le camp de l'acceptable ; Jean-Luc Mélenchon, parce qu'il est plus dangereux qu'elle, la propulse dans le camp du nécessaire. Il est son avant-garde, son éclaireur, son premier directeur de campagne.

Je n'accuse pas seulement Mélenchon de faciliter la victoire de Marine Le Pen, je l'accuse aussi de la souhaiter. Il sait que son comportement et ses prises de position jettent chaque jour des électeurs dans les fourgons du lepénisme. Son but est simple : par la radicalité, il distance tous ses rivaux de gauche ; par l'islamo-gauchisme, il accède au second tour de la présidentielle, où Marine Le Pen le terrasse sans peine ; par l'arrivée au pouvoir de l'extrême droite, il parvient à déclencher la révolution citoyenne, la «lutte finale», cette guerre civile qui purgera la France de tout ce qu'il déteste. Banlieues sordides contre beaux quartiers, musulmans opprimés contre exploiteurs bourgeois, colonisés de l'intérieur contre petits Blancs rurbains, phalanges intersectionnelles contre défenseurs du patriarcat, néo-collectivistes contre capitalistes libéraux : l'affrontement sera total, le front fendra la France en deux, le peuple mélenchonien abattra le système. C'en sera fini de la V$^e$ République, de la démocratie représentative, de la société bourgeoise et de la mondialisation libre-échangiste. L'élection de Marine Le Pen par rejet de Jean-Luc Mélenchon sera un vote révolutionnaire qui s'ignore, l'étincelle dans la poudrière, le détonateur du Grand Soir. Mélenchon en est convaincu, et plus il est détesté, plus il est persuadé d'avancer sur la bonne voie. Chaque jour, faire peur et faire pire, au final être battu pour gagner, assurer la victoire de l'extrême droite pour enclencher le triomphe de l'extrême gauche, et en finir avec ce qu'il abhorre. CQFD : Ce Qu'il Faut Détruire !

Ah ! La révolution tant aimée, tant admirée, tant désirée. Jean-Luc Mélenchon l'épouse bien jeune, quand il voue son âme au trotskisme. « Trotskiste un jour, trotskiste toujours ! » Septuagénaire, Mélenchon reste fidèle au pseudonyme qu'il s'est choisi dans sa jeunesse clandestine : Santerre. Antoine-Joseph Santerre, ce brasseur du faubourg Saint-Antoine qui participe à la prise de la Bastille, le 14 juillet 1789. Santerre, le commandant de la Garde nationale qui œuvre à l'invasion des Tuileries, le 10 août 1792, conduit la famille royale à la prison du Temple et s'associe à la déchéance de Louis XVI. Santerre, le « général tambour », qui fait rouler les grosses caisses pour couvrir la voix du roi, le 21 janvier 1793, quand celui-ci tente, au pied de la guillotine, de s'adresser au peuple.

Mélenchon se veut l'héritier de cette Terreur dont il ambitionne de reprendre le fil, et plus encore de la Commune de Paris, cette Terreur bis qui commence le 18 mars 1871. En 2012 et en 2017, Mélenchon tient un grand meeting le 18 mars, pour entretenir le culte de la Commune, qui est «fondamentalement un acte d'insoumission et de philosophie insoumise». Et en 2022, il promet de célébrer son élection à la présidence de la République en se rendant au mur des Fédérés, où l'on fusilla les derniers communards. La «mauvaise République», pour Mélenchon, ce n'est pas seulement la V$^e$, mais aussi la III$^e$, responsable de l'écrasement de la Commune dont il exagère le bilan – «32 000 victimes». La «mauvaise République», coupable de ce crime originel : imposer la «domination idéologique de la bestialisation des révoltes populaires : le peuple est dangereux».

Le peuple n'est pas dangereux, Jean-Luc Mélenchon l'est. Il l'est parce qu'il manipule la démocratie, simple cheval de Troie. Le scrutin sert non à convaincre, mais à déstabiliser les institutions, à faire douter la République et à affaiblir l'État. L'élection est l'antichambre de la révolution, poser un bulletin LFI dans l'urne, c'est placer la bombe devant la porte du capitalisme bourgeois, dans son salon, son coffre-fort, sa cuisine. À chaque instant, à chaque occasion, il faut faire trembler les murs. Si les 17 députés LFI de

2017, puis les 75 qui sévissent au Palais-Bourbon depuis juin 2022, pratiquent le tohu-bohu, l'obstruction et l'invective, c'est non par caractère, mais par stratégie : pourquoi servir honorablement une institution qu'il s'agit de mettre à bas, comme toute la V$^e$ République ? « Chez lui, c'était tous les jours tempête ! », dit Stendhal du révolutionnaire Hérault de Séchelles. « Chez lui, c'est à chaque minute l'incendie », peut-on clamer de Mélenchon-Santerre. Certes, il y a du Matamore en lui, celui de *L'Illusion comique*, de Pierre Corneille : « Le seul bruit de mon nom renverse les murailles, / Défait les escadrons, et gagne les batailles[1]. » Mais chez Mélenchon, le coup de menton se décline en coup d'État permanent. Le voici donc agenouillé au pied de l'autel des sanguinaires. Il idolâtre Fidel Castro et sort en pleine nuit, le 26 novembre 2016, pour rendre hommage au dictateur cubain qui vient de mourir : « Fidel, voici la cohorte des opprimés et des humiliés des deux continents qui t'escorte dans ta dernière marche. » Il vénère Hugo Chávez et tweete « Ce qu'il est ne meurt jamais » quand

---

1. Pierre Corneille, *L'Illusion comique*, acte II, scène 2.

disparaît l'autocrate vénézuélien. Il défend Nicolás Maduro, successeur de Chávez qui massacre les manifestants – manipulés, bien sûr, par la droite dure aux ordres des États-Unis.

Car les autocrates ont droit aux faveurs de Jean-Luc Mélenchon, au moins à son indulgence, pourvu qu'ils se dressent contre Washington. C'est ainsi qu'il absout Poutine pour l'annexion de la Crimée, en 2014, parce qu'il ne faut pas soutenir Kiev, où sévit «un pouvoir putschiste aventurier, dans lequel les néonazis ont une influence tout à fait détestable», et qui veut adhérer à l'OTAN. Les États-Unis, voilà l'ennemi. Mélenchon veut arracher la France à cet Occident qui, depuis 1945, lutte pour la liberté, face à l'Empire soviétique puis aux offensives islamistes et à la suprématie économique chinoise. Mélenchon au pouvoir, et la France sort de l'OTAN, se dégage de l'Union européenne et se retrouve seule face au monde. Non comme avec le général de Gaulle, qui distinguait l'indépendance de l'isolement, et savait à quel camp la France appartenait, mais comme en 1792.

Toujours le rêve de la Révolution inachevée, toujours la nostalgie de la Terreur interrompue. Mélenchon est dangereux parce qu'au fond de lui bouillonne le goût du sang, le désir de violence purificatrice, le fantasme de la dictature vertueuse. La vertu ! Mot magique dont il farcit ses discours et auquel il consacre un livre[1], évoquant les Romains alors qu'il songe à Robespierre. Car ce n'est pas de Santerre qu'il se veut la réincarnation, mais bel et bien de l'Incorruptible. Le 5 février 1794, à la tribune de la Convention, Robespierre clame : « Si le ressort du gouvernement populaire dans la paix est la vertu, le ressort du gouvernement populaire en révolution est à la fois la vertu et la terreur : la vertu, sans laquelle la terreur est funeste ; la terreur, sans laquelle la vertu est impuissante. » Mélenchon au pouvoir mettrait en fusion le même alliage funeste de terreur et de vertu : la terreur pour obtenir la vertu, la vertu pour justifier la terreur.

Terreur bien ordonnée commence par soi-même : si « le parti se renforce en s'épurant »,

---

1. Jean-Luc Mélenchon, avec Cécile Amar, *De la vertu*, Éditions de l'Observatoire, 2017.

comme l'écrivait Ferdinand Lassalle à Karl Marx, La France insoumise est le parti le plus costaud du pays. Au sein de LFI, le patron distribue les claques et les baisers qui tuent, il divise ses héritiers, il nage en requin au milieu des dauphins. Pour consolider son pouvoir et faire oublier l'échec du « grand bond en avant » de la présidentielle 2022, le trotskiste se fait maoïste. À l'image exacte de Mao, qui s'appuie en 1966 sur ses jeunes gardes rouges pour marginaliser les notables du parti et accomplir la révolution dans la révolution, le Timonier Méluche placardise, marginalise et ostracise. Exit les Coquerel, Corbière, Garrido, Autain, renvoyés aux placards du mélenchonisme. Ils n'ont pas les moyens de leur insoumission chez les insoumis, ils sont les otages de celui qui les a faits. Bonjour les Boyard, Obono, Portes, Guiraud, Léaument, Bernalicis, Soudais, Keke, Guetté... Petits soldats dont la virulence remplace l'intelligence, ils n'étaient rien, ils sont devenus députés par la seule grâce du nom de Mélenchon sur leurs affiches. À la tête de l'escouade, Sophia Chikirou, celle qui murmure à l'oreille du chef. Aussi habile avec les chiffres (la justice la soupçonne d'avoir surfacturé ses services lors de la présidentielle 2017) qu'avec les lettres (elle règne sur la communication de Mélenchon), voici Lady Macbeth : « Tous les parfums de l'Arabie ne purifieraient pas cette petite main-là[1] »...

Ces sbires de la révolution culturelle mélenchoniste ont investi les arcanes du mouvement et les travées de l'Assemblée nationale grâce au marché de dupes qu'est la Nupes. La « Nup », comme prononce Mélenchon, pour bien signifier que le « e » d'écologique et le « s » de sociale sont des lettres muettes qui représentent des alliés bâillonnés, et que seul compte le « p » de populaire, c'est-à-dire de populiste. Éliminé de la présidentielle 2022 au soir du premier tour, le candidat de LFI est tout de même heureux : il a écrasé toute la gauche. L'écologie ? En dessous de 5 %. Le communisme ? En dessous de 3 %. Le socialisme ? En dessous de 2 %. Le trotskisme folklorique ? En dessous de 1 %. Son but, celui qu'il s'est fixé en novembre 2008, est atteint : la « gauche disponible » est tout entière en sa besace. Il a mis la sénestre sous

---

1. William Shakespeare, *Macbeth*, traduction de Maurice Maeterlinck.

séquestre. Mais cela ne lui suffit pas, et il sait que les voix qui lui ont échappé en avril 2022 ont empêché son accès au second tour. Pour atteindre enfin ce duel suprême, il lui faut aspirer ce qui s'est éparpillé. La Nupes est le ramasse-miettes de Jean-Luc Mélenchon.

La Nupes, c'est le piège parfait. Sans cet accord électoral, aucun autre parti de gauche que LFI n'aurait eu de groupe parlementaire à l'Assemblée nationale. La Nupes, accélérateur de particules, c'est plus de 150 députés ; sans elle, il n'y aurait sur les bancs que vingt mélenchonistes, mais à peine cinq socialistes, quatre écologistes et trois communistes ! La Nupes est un arc-en-ciel asservi par le rouge-vert de l'islamo-gauchisme de La France insoumise. « Élisez-moi Premier ministre ! », ose Jean-Luc Mélenchon en lançant la campagne législative. Aberration juridique, mais coup de génie médiatique, ce mot d'ordre l'installe en chef de l'opposition de gauche. À gauche, depuis juin 2022, il y a les Insoumis et les soumis. La crainte de la dissolution, mais surtout l'emprise psychique de Mélenchon, corsètent les élus de la Nupes. Ils désavouent ses prises de position, ils prennent leurs distances, ils s'offusquent et se cachent le visage dans les mains, mais ils restent. Mélenchon injurie la police ou invective la communauté juive, ils restent. Mélenchon ménage Poutine qui bombarde l'Ukraine, comprend la Chine qui massacre les Ouïghours, puis défend le Hamas qui assassine des civils, ils restent. L'intergroupe parlementaire est suspendu, mais il demeure. Les réunions s'espacent, mais les messages passent. La Nupes ne fait plus rien, mais rien ne se fait sans la Nupes. Mélenchon terrorise ses alliés, agresse Fabien Roussel ou Olivier Faure à coup de tweets. S'ils demeurent dans l'alliance, les autres partis de gauche se dissolvent ; s'ils s'en vont, ils disparaissent dans le vide. La Nupes, c'est l'*Hotel California* chanté par les Eagles : « *You can check out any time you like / But you can never leave.* »

Le mélenchonisme est le trou noir qui engloutit toute la gauche. Ceux qui ont tenté de l'adoucir en se ralliant à lui ont disparu, ceux qui ont pensé le maîtriser en s'alliant avec lui sont discrédités. J'accuse Mélenchon d'avoir tué la gauche, celle de Jean Jaurès et de Léon Blum. Je l'accuse d'avoir renié la gauche de François

Mitterrand, cet ancien vichyste qu'il idolâtre, et celle de Lionel Jospin, cet ancien trotskiste qu'il dénigre. Je l'accuse d'avoir détruit la gauche qui rassemble, la gauche qui dépasse ses frontières pour convaincre, la gauche qui ne veut pas renverser le pouvoir mais le conquérir et l'exercer. Je l'accuse d'avoir annihilé la gauche des espoirs et des responsabilités, la gauche de gouvernement, la gauche réformiste. Pour satisfaire son hubris nihiliste et son fantasme révolutionnaire, Jean-Luc Mélenchon a discrédité l'idée même de gauche dans l'esprit des citoyens. À cause de lui, la France est hémiplégique. Combien d'années faudra-t-il à la gauche pour trouver un nouveau leader, qui pourra s'affirmer tel sans soulever les huées, les quolibets, l'indifférence ou le dégoût ? Jean-Luc Mélenchon a tué la gauche et il s'en fait à la fois le fossoyeur (RIP s'écrit NUPES sur la tombe) et le charognard (il suce chaque jour les os du socialisme). La gauche est « un grand cadavre à la renverse », Mélenchon est à la fois l'assassin et l'asticot.

Ce meurtre vient de loin. Il a été prémédité, pensé, ourdi. Le 19 novembre 1994, j'écoute

Mélenchon tonner à la tribune du Congrès de Liévin, dans le Pas-de-Calais. Le Parti socialiste, haché menu par les législatives de 1993, vient d'être assommé aux élections européennes de juin 1994 : talonné par la liste de Bernard Tapie, Michel Rocard a perdu le contrôle du parti et tout espoir pour la présidentielle de l'année suivante. La gauche attend alors son homme providentiel : Jacques Delors, encore président, pour quelques mois, de la Commission européenne, et nanti de sondages flatteurs. Rien de commun, ou presque, entre les idées de l'ancien ministre de l'Économie et celles d'Henri Emmanuelli, nouveau chef du parti, dont la motion a été plébiscitée par les militants. Qu'importe : l'Élysée vaut bien une messe catho de gauche et un sermon social-libéral. Ce jour-là, François Mitterrand lui aussi est venu à Liévin, commémorer une catastrophe minière et s'adresser à ses camarades entassés dans la mairie. Mélenchon est là, admiratif. Il reçoit cinq sur cinq la consigne du chef de l'État : ne pas s'éloigner de ses bases, rester à gauche ! Quelques heures plus tard, pour s'opposer à la « Delors-mania » qui saisit le parti, il lance devant le Congrès : « J'ai avalé beaucoup de couleuvres dans ma vie politique, mais c'est la première fois que l'on me dit que la couleuvre va m'avaler ! » Mélenchon va chasser les couleuvres.

Il n'y aura pas de candidature Delors, mais pas de virage à gauche du PS. C'est Lionel Jospin qui s'impose dans le parti, perd avec les honneurs lors de la présidentielle de 1995 puis prend la tête du gouvernement après la « divine surprise » de la dissolution d'avril 1997. C'est le temps de la « gauche plurielle », dont la grammaire ne va pas jusqu'à Jean-Luc Mélenchon. Alors, il prend la tête de la minorité dans le parti. Au Congrès de Brest, en novembre 1997, il défie François Hollande pour le poste de Premier secrétaire. Comme toujours au PS, on se met d'accord sur le résultat du vote avant de compter les bulletins : une bonne démocratie, ça s'organise... Mélenchon veut bien être battu, mais exige d'atteindre le score de 15 %, contre 85 % pour Hollande. Topez là ! Mais le soir venu, la direction proclame le vainqueur élu à 91,18 % et le challenger dégringole sous les 9 %. « Je lui ai dit que je ne lui pardonnerais jamais, et en effet je ne lui pardonne pas », conclut Mélenchon quand il raconte cette mésaventure. C'est à ce moment-là qu'il décide de tuer le PS. La fin de la gauche prend racine dans une humiliation de congrès.

À l'approche de la présidentielle de 2002, Lionel Jospin veut rassembler. En mars 2000, son nouveau gouvernement accueille donc le plus intime de ses ennemis, Laurent Fabius, et le plus idéologique de ses rivaux, Jean-Luc Mélenchon. Ce dernier, ministre délégué à l'Enseignement professionnel, s'installe dans un recoin du ministère de l'Éducation nationale. Il évolue, heureux, entre CAP, BEP et Bac pro, au sein de cette jeunesse ouvrière qui lui rappelle la sienne, avec sa brève expérience dans l'industrie horlogère et l'imprimerie. Il veut « être l'ajusteur régleur du système éducatif professionnel », il nage comme un poisson dans l'huile des machines-outils, promène sa cravate au milieu des bleus de chauffe, mais tient à ce qu'on l'appelle « Monsieur le Ministre ». Ce maroquin, c'est l'heure de gloire de l'enfant de la République, le bâton de maréchal de l'agitateur gauchiste et le tremplin qui lui manquait pour ses ambitions nationales. C'est quand il est ministre que Mélenchon se met à rêver d'être président. Pourquoi pas lui?

Le désastre du 21 avril 2002, avec l'élimination de Lionel Jospin au premier tour de la présidentielle, persuade Mélenchon qu'il a un avenir à la gauche de la gauche. La victoire du «non» au référendum sur la Constitution européenne, le 29 mai 2005, le convainc qu'il y a une majorité pour lui dans le pays. L'aventure présidentielle de Ségolène Royal, en 2007, lui confirme que le charisme est l'atout majeur. La prise du parti à l'abordage par Martine Aubry, en 2008, le détermine à larguer ses propres amarres. Mélenchon abandonne le PS après trente-deux années de militantisme: «Il y a dans ce pays une gauche disponible», lance-t-il en claquant la porte. Il va désormais s'employer à bâtir plutôt une gauche à sa disposition. L'opération «vampire» est lancée. 1994-2008: Mélenchon met quatorze ans à quitter le PS. 2008-2022: Mélenchon met quatorze ans à tuer la gauche.

Désormais, c'est l'État que Mélenchon veut tuer, et il faut l'en empêcher. Il veut tuer l'État, parce que l'État est le bouclier de la République. Il veut tuer l'État parce que l'État est contre-révolutionnaire. Il veut tuer l'État parce que l'État doit être lui, ou n'être pas. Alors, il s'en prend aux fonctionnaires de l'ordre républicain, ces gardiens du temple honni. Contre les magistrats, Mélenchon fantasme le *lawfare*, ces montages qui permettent au pouvoir, en Amérique latine, d'éliminer les opposants par des procédures menées par des juges complaisants. Contre les policiers, Mélenchon accuse, dénonce, insulte. Quand ils tirent pour un refus d'obtempérer, « La police tue » ; quand ils maintiennent l'ordre dans les manifestations, « C'est des barbares, soyez prudents » ; quand la Brav-M interpelle les casseurs des black blocs, « Nous enverrons ces gens se faire soigner ». Le concept de « violences policières » devient le fourre-tout de l'insoumission. Lors de la perquisition du siège de La France insoumise, en octobre 2018, c'est à un policier impassible que Mélenchon lance le fameux « La République, c'est moi », pour bien signifier au représentant de la loi que la République, ce n'est pas lui. Celui qui fait respecter la loi est un traître, car la loi est mauvaise. Regardez bien les images de ce siège donné à leur propre local par les troupes insoumises, le 16 octobre 2018, elles sont éloquentes. Le rebelle le plus virulent est Bernard Pignerol, disparu en mai 2023 : il est conseiller d'État, il appartient à l'institution qui expertise les lois en amont et juge leur application en aval. Comme les députés sabotent l'Assemblée nationale par la «bordélisation» de l'Hémicycle, il s'emploie à détruire la loi à l'intérieur de son sanctuaire. Condamnés pour «rébellion» avec d'autres camarades, Mélenchon et Pignerol se disent fiers d'une telle sanction…

Jean-Luc Mélenchon est désormais le dirigeant politique le plus détesté de France. Non seulement il s'en fiche, mais il s'en vante. Parce qu'il se déteste lui-même, au point de se détruire un peu plus chaque jour. J'accuse Jean-Luc Mélenchon d'avoir tué Jean-Luc Mélenchon, le Mélenchon que j'admirais, dont j'aimais tant la conversation coruscante. Avec lui, le débat était rude et riche, fébrile et fécond. J'accuse Mélenchon l'autocrate d'avoir étranglé Mélenchon le démocrate. J'accuse Mélenchon le nihiliste d'avoir étouffé Mélenchon l'humaniste.

Il n'y a qu'un seul tribunal pour juger ce *serial killer* : le vote. Mais cela n'est pas rassurant. Je ne pense pas que quiconque à gauche puisse empêcher Jean-Luc Mélenchon de se présenter à la présidentielle de 2027. Je suis persuadé que la faiblesse et la division des partis de gouvernement, dans la zizanie centrifuge de l'après-Macron, peuvent lui permettre d'accéder au second tour. Je suis certain qu'il sera écrasé dans les urnes, par cet autre péril qu'est l'extrême droite, mais la France se remettra difficilement d'un duel Le Pen-Mélenchon… Je ne veux pas de cet aventurisme funeste pour mon pays. Je ne veux plus de Jean-Luc Mélenchon.

*Remerciements*

Toute ma gratitude va aux équipes éditoriales qui ont permis la parution de cet ouvrage insolite par la forme et alarmiste sur le fond, et m'ont aidé à l'améliorer.

Chez StudioFact Éditions : Clarisse Cohen, Roxane Rouas-Rafowicz et Jacques Aragones.

Chez Grasset : Christophe Bataille, Pierre Marlière et Olivier Nora.

Merci aux comédiens qui ont accepté de relire *Un dimanche à Lombreuil ou Moi, Jean-Luc M.*, afin que je puisse mieux métamorphoser le propos politique en verbe théâtral.

Cet ouvrage a été achevé d'imprimer sur Roto-Page
par l'Imprimerie Floch à Mayenne
pour le compte des Éditions Grasset
en mars 2024.

Composition Maury-Imprimeur

N° d'édition : 23154 – N° d'impression : 104524
Dépôt légal : avril 2024
Imprimé en France